JN310403

子どもを育てる表現活動

――その意義と実際

箱石泰和

一莖書房

目次

表現活動はなにをめざすか

一つの体験

斎藤喜博の個人雑誌『開く』28集の「宿場裏から」に次のような箇所がある。

次のものは、ある若い研究者からの手紙の一節である。

――逆瀬台での御指導、お疲れ様でした。おかげで、私もいくつかのこと、非常に具体的に理解できたものがありました。「ペルシャの市場」をやり直したこと、先生の説明を聞くまではどうしてか全然わかりませんでした。あらためて、先生と私の距離の大きさを感じます。こういうことはどんなに先生のマネをしても絶対にわからないところなのでしょう。もっと内面から自分を鍛えていかなくては、と切に思います。――

この中の「ペルシャの市場」の問題は次のようなことであった。前日、この子どもたちは非常に美しく楽しくやっていた。ところが公開当日になると、上着を脱いで、全員が白い体操着で出場した。私は「ハッ」と思ったが、案のじょう子どもたちの表情はすっかり固くなっていた。どの子もにこりともしないで、無表情に形式的に動いているのであった。子どもも、子どもの表現もそこには少しもなかった。……

これは担任の教師の側に責任があった。体操着にそろえればもっと美しくなるという教師の形式主義が子どもを損ない、自由な表現をおさえてしまったのだ。そう述べて、斎藤先生はさらに次のように続けている。

それで私は〈ペルシャの市場にて〉を次の次にもう一回出場させてもらった。こんどは全員がそれぞれの色彩のある上着を着て出た。

子どもたちの表現は、こんどは全く違っていた。子どもたちは、はじめから相手と対応しながら、笑顔さえ見せて、楽しそうにそれぞれが自分を出していた。自分を表現しながら相互の関連の中で全体の新しい楽しい表現を作り出し合っていた。

初めにあげた研究者の手紙の中にあるのは、このことをさしている。……

昭和五六年一月の、逆瀬台小学校の公開研究会でのことであった。この中に出てくる

「研究者」とは私のことである。

このとき、私は、なぜ同じものが二度繰り返されたのか、ほんとうにわからなかったのである。それどころか、最初のほうが、二度目のものよりずっとよかったようにさえ感じていた。子どもたちは前日斎藤先生に教えられ、直されたことをみごとに吸収し、実に整然と、完璧に演技をしたように思われた。それに比べると、二度目のほうはやや緊張感に欠け、演技も粗雑で型も崩れてきたような印象を持ったのである。そのときの私の漠然とした感じを言葉にすれば、確かにこんなふうになる。

公開が終わったあとで斎藤先生に理由を説明されて、私は愕然とした。私がよしとしたものを斎藤先生は「無表情」で「形式的」なものとして否定し、粗雑で緊張感に欠けると私に思えたものが、先生には「自分を表現しながら相互の関連の中で全体の新しい楽しい表現を作り出し合っていた」と見えたのである。

この二つの見えかた、感じかたの違いは一体何に由来するものなのだろうか。美意識の違いと言ってしまえばそれまでだが、その根底に、何か人間を育てる教育という営みの核心に触れるものがあるように思われて、私はしばらくそのことにこだわり続け、その気持ちを斎藤先生に書き送ったのだった。

こんな個人的な体験をあえてこのような場に持ち出したのは、それが私個人にとって忘れがたい出来事だったという理由だけからではない。もしかしたらあのとき同じ場所にいた五〇〇人を越える参観者の中にも、私と同じような見かた、感じかたをしていた人がかなりあったのではないかとも思われるのである。各地で表現やオペレッタにとりくんでいる熱心な先生方の指導ぶりに触れる機会を多少持ち得た私には、そう思える具体的な根拠もいくらかはある。斎藤先生の創り出された事実に憧れ、学び、さらに深くその世界に踏み込んでみたいと考える人々にとって、この私のささやかな体験は十分に教訓的でありうるのではないかと思ってみたりもする。

教育の質の問題として

教育が、文化遺産を媒介として人間の心や身体を解放し、鍛え、豊かな可能性を引き出して美しく強靭な子どもを育てていくことであるならば、表現活動もまた、何よりもまずそのような営みとして考えられなければならない。島小時代以来、斎藤先生が合唱、リズム表現、行進、オペレッタなどの表現活動を学校教育の内容として特に重視し、独創的な内容を開拓してこられた背景には、「表現は人間を解放する」という基本的な思想があった。『教師の仕事と技術』(国土社)の中で、斎藤先生が表現活動に関連して述べている言葉を抜き出してみよう。

——人間は文章表現でもよい、身体表現でもよい、表現することによって自分をつくり、自分をひらいた人間にしていくことができるからです。

ところが今までこの大事な表現を、とくに内容をともなった身体表現を学校教育でも軽視して来ました。歌唱や舞踊をふくめて、形式的な型にはめた身体表現はありましたが、内容をともない、内容を身体で表現し、表現することによって内容をまたつくり出していくようなものは少なかったわけです。舞踊だと一つの型があって、子どもをそのなかに入れてしまうだけであり、朗読の場合も、句読点とか、改行とかによって、そのまま形式的に読ませるようなことが多かったわけです。ですから子どもたちの表現や思考が、固定的で、動きや感動のないものになってしまったわけです。——

——これからはそういうことも考えて、内容と身体を一つにして表現できるような人間、自分の意志なり内容なりによって、身体を自由に駆使できるような人間にしていくことを、一つの大きな教育目標としていかなければならないでしょう。——

表現というと、音楽に合わせて身体を動かしたり、あれこれのステップを使いわけたり、整然とした型をととのえて様式美をつくり出すことだと考える傾向が、私をふくめて私たちのあいだには抜きがたくある。もちろん、技術や様式をともなわない表現はないのだから、それはそれとして必要なことだし、いいかげんにしてよいということでもない。だが、それが往々にして「形式的な型にはめた身体表現」、「固定的で、動きや感動のないもの」になってしまう危険を、私たちは十分に警戒しなければならないと思うのである。それはたんに表現の質が低いとか高いとかということの前に、教育の質や方向に深くかかわる問題だからである。

表現活動において大事なのは、技術や様式の完璧さということよりもむしろ、そのような技術や様式において表現される内容の豊かさである。子どもがその世界にどれだけ深く入り込み、心を開き、それぞれの内容を創造し、そしてそれをたのしんでいるか。そのことがまず第一に問われなくてはならない。そして教師が表現をそのようなものとしてとらえるとき、表現活動は他の教科の授業とあいまって、真に子どもの思考や感覚や意欲を育てうる教育内容となることができるのだ、と思うのである。

表現指導における形式主義

このことをもう少し補足するために、一つの具体的な資料を引いておきたい。

ひと月ほど前のＮＨＫテレビ「教師の時間」で、六年生の子どもに郷土民謡を踊らせる体育の授業が紹介されていた。子どもたちはそろいの体操着で赤いハチマキを締め、レコードにあわせて踊っていた。テレビの録画ということもあってか、どの子も緊張した堅い表情だった。

一回踊り終わったところで指導者である中年の男教師は、踊るさいに留意すべきことを子どもたちに問いかけた。子どもたちはすぐに、①中腰で踊る、②指先をのばす、③目線は指先を見ること、と答えた。むろん、これはすでに教えられてあったことに違いない。そしてもう一度踊りをくり返したあと、子どもたちから反省を出させた。中腰になったら指先ものびてきた、うまくいった、という子や、中腰になれない、リズムがとれない、踊っているうちに目線のことは忘れてしまったといった答えが返ってきた。

そこで教師は自ら手拍子を打ち、それにあわせて中腰で踊る練習をさせる。身体全部の力を腰にためるような感じで、とか、身体の力を抜いて、頭が上下に振れぬように、というような指示を入れながら踊らせるのであるが、そうした指導で踊りが前よりよくなったとは見えなかった。

このあと、ビデオで別のクラスの子どもたちの踊りを見せ感想を言わせたあと、子どもたちを二つのグループに分けて順に踊らせ、互いに批評をさせた。どちらの場合も、中腰がうまいとか足でリズムをとっているといった同じような感想が一般的に出てくるだけである。次いで再び子どもをテレビの前に集めて座らせ、女教師の模範演技のビデオを写し、感想を言わせる。ぼくらより中腰がうまかったという当然の発言が二、三の子から出たところで、「それでは全部を頭において心もこめて、最後に一回踊ってみましょう」ということになって授業は終了するのである。

この三〇分にも満たないテレビ放映の内容を、「授業」として批評するつもりは私にはない。また内容そのものも、私たちが考えるいわゆる表現活動とは必ずしも同じものでないということもある。

だがそれにもかかわらず、この「授業」は表現というものを考える際に私たちが陥りがちな形式主義を、ある意味では典型的なかたちで示しているように私には思えるのである。郷土民謡という題材の是非は別にしても、このような質の授業において、子どもたちが自分の内容をつくり、たのしみ、遊び、心をひらいて自分を解放することはとうてい不可能であろう。そのことは画面の子どもたちの堅く閉ざされた表情を見るまでもなく、あきらかなことである。指導者はおそらく善意で熱心な教師であるに違いない。しかしたとえそうであろうとも、こうした形式主義によっては豊かな表現をつくり出すことはできないし、子どもを育てることもできないということもまた、否定しがたい事実だと思うのである。

創造活動としての表現

表現は、何よりもまず子どもの創造活動である。この原点を私たちはしっかりと確認して出発しなければならない。教師が型を与えたり、動きを指定したり、イメージを押しつけてそのとおりにやらせるのではなく、逆に豊かな内容やイメージを子どもたちの中につくらせ、子どもたち自身の表現としての動きや表情や様式を内面から引き出すことが教師の仕事である。

この関係は、ちょうど俳優と演出家の関係に似ている。演出家の仕事は、あくまでも俳優の個性や力量を見抜き、その内部にあるものを引き出し拡大していく仕事であって、自分のイメージを一方的に押しつけたり、鋳型にはめこんで俳優をあやつり人形にすることではない。このことを、ザハーヴァは、「演出家の創造の材料は俳優の創造である」（『演出の原理』未来社）という言い方でも述べている。

教師がこのことを見のがしてしまうとき、子どもの表現活動はしばしば無内容な動きや身ぶりに終始する。やたらと腕や手首を動かしたり、意味なく動きまわってみたり、型どおりの身ぶりでドラマの筋書きを説明しようとしたりするのは、すべてそういうところに原因がある。そういう場合はたいてい、子どもたちは無表情であったり、身体が堅かったり、動作もあいまいで必然性がなく、中途半端であったりする。これは子どもたちの中にイメージや内容がなく、みずから表現しようとする意志や欲求が欠けているからである。

子どもたちに表現すべき内容やイメージがなく、意欲がないときには、かりにどんなにみごとな技術や様式が展開されようとも、それはほんとうの意味での表現活動とはいえないであろう。そうした形だけの表現はきれいごとではあっても美ではない。美でないものに人の心を動かすような生命《いのち》や感動はないからである。スタニスラフスキーが『俳優修業』（未来社）の中で、バレリーナの手首の動きを評して「あれは美よりもきれいごとのほうが多い」、「生命のない、つまり筋肉の緊張した手首をして踊っている」と述べていることを、私たちはここでも想起してよいと思うのである。

演出家の仕事が俳優の創造性を引き出すことであるように、教師の仕事は子どもの内部に豊かに内蔵された創造性を引き出すことでなければならない。このことはたんに表現活動における原点であるというばかりでなく、おそらくすべての授業あるいは教育的営みの原点でもあるだろう。表現活動が最も深い意味での教育的営為たりうる根拠もまた、この点にあるのだと私は考えている。

子どもがたのしみ、表現するとき

一　教育とは子どもを育てること

なんか私にずいぶんいろんなことが見えていたり、わかっていたりしてあれこれ言ったようなお話でしたが、そんなことはないんですね。大体半分くらいはまちがったことを言ってるかもしれないんですけれども、瑞穂三小の先生方は大変吸収力があるものですから、私たちの言ったことをうまくとらえて利用してくださる。それでいくらか子どもがよくなったというようなことだと思うんです。

表現のことを中心に話されましたけれども今年の瑞穂三小では一年から六年まで全学年が表現やオペレッタにとりくんだわけです。ほんの二年くらい前までは一四学級の担任の先生方のうちで、音楽の指導をやったことがあって、ともかく一時間音楽の授業をもたせることができるという人が二人きりいなかった。あとはみんなやったことがない、自分にはできないものだときめてかかって逃げまわっていたんです。で、それでは困るということではじまったわけですね。それがともかく一年めの公開では一四学級の担任が全員それぞれの学級の合唱指揮をし、二年めは表現の指導もするというふうになってきているわけです。だからおそらく大変な努力をされたのだろうと思うんです。それだけにまた、表現のことが今年の場合、特に印象深く残ったんだろうと思います。

これは補足になるかどうかわかりませんがいま斎藤征夫さんが出された問題で非常に重要だと思うのは、授業でのたのしさみたいなことを、もっと私たちは考えなくてはならないのではないかということだと思うんです。いまあらためてふりかえってみますと、私たちが瑞穂三小の先生方に一貫して言ってきたことというのは、もちろん技術的な問題もいろいろありますけれども、どうもたのしくないとか、表情がないとか、子どもがそこにいないじゃないか、というようなことばっかりだったように思います。

考えてみれば、教育というのは教材を与えて子どもを育てることなんですね。教材を知識として教えたり、なにかの技術をおぼえさせるということではなくて、もちろんそういうことも必要なんだけれども、そういうことをとおして子どもを育てることが教育なんだ。どこかで斎藤喜博先生がおっしゃっていましたが、教材は子どもを磨く磨き粉なんだ、だから教材は手段なんだ、それを使って子どもをどれだけのばすことができるか、磨くことができるかということが教材の意味なんだ、ということをおっしゃっていたと思うんです。そうだとすれば、教材は子どもにとってはおいしいご馳走であったり、栄養であったりするわけですから、そういうものを与えられることによって当然、子どもは満ち足りたり充足したりしてくる。そうすればたのしくなってくるはずだ。そういうたのしさのようなものが表情や身体に出ているかどうかということが、やはり一つの基準になるのではないだろうか。そういうことがあるかどうかということが、そこにいわば教育という営みが存在しているかどうか、そこで子どもが育っているかどうかということの、一つの具体的な目安になるというふうに考えていいように思うんです。

私がこんなことを強く感じましたのは、これは「事実と創造」の七号にもすでに書いたことですが、逆瀬台体験というのがありまして、あれは私に言わせれば逆瀬台ショックなんですね。書いたことのくり返しになりますが、今年一月の逆瀬台小学校の公開研究会で斎藤先生が四年生の〈ペルシャの市場にて〉の舞踊表現を二回くり返してやらせたわけです。一回目は全員が体操着を着て出てきて前日の練習では大変たのしくやっていたのを非常に固く、形式的にやってしまった。実はこれはあとで斎藤先生に指摘されてわかったことなんで、そのときは私はそれをとてもいいもの、完璧なものだと思って見ていたんですね。なんてすごいことをやっちゃったなと思っていたら、その次の次にまた同じものが出されて、今度は普段着で出てきて演技をしたんです。私にはちょっと子どもが崩れてきたなと見えたんですが、斎藤先生はあれがいいんだ、あそこに子どもの表現があるんだということを言われたわけです。そういうことがあとで教えられて初めてわかった。

ですからまったくのんきな話だと思うんですね。これまでずっと斎藤先生にくっついていろいろ指導していただいたり見せていただいたりしていながら、そういう根本的なことが、いまのいままでわからなかったという、大変なショックを受けましてね、なるほど教育の基本の問題というのはそういうことだったのだなということをあらためて考えるようになった。過去にいろいろ教えていただいたことがあったんですけれども、そういうこととつながって、そのとき初めて私にはいくらか具体的なものとして理解できたということがあったわけです。

だから瑞穂三小に行って、たのしさとか子どもの表情ということを一生懸命に言ったのは、私にそういう体験があってのことなんです。

二 たのしくならない原因

ところが五月から九月ごろまでの状態を見ていますと、どうもたのしくないんですね。

直観的に、まず見ていてたのしくならないんです。非常にかたいし、りきんでいる。体育の場合だと膝がかたかったり、踵の骨がゴッゴッと直接に床にぶつかるような音がする。助走もベタッと重くてリズミカルではない。また音楽や表現では肩やのどに力を入れて頑張って歌っている。だから首のところにスジが立っている。あるいは動きや表情が非常にぎこちなく暗い、ということが気になってどうしようもなかったわけです。

なぜそうなったのかということを、あとで先生方といろいろ話をしたり私なりに考えてみたりしたのですが、やっぱり原因があると思うんですね。

一つは、さっきも話に出ていましたが、かたちから入っているということがある。どうしてもかたちを先行させて、かたちの押しつけになってしまうんですね。これは幸か不幸かわかりませんが、研究者がひと月に一度ぐらいの割で入るもんだから、それまでに少しは見られるだけのかたちをつくっておかなくちゃならないと先生方が思ってしまうわけですね。そういうことがある。それから春の体操祭がありますと、体操祭でも公開の種目をやるものですから、なにかやっぱりかたちをつくっておかないと体操祭にならないという意識になってしまう。そういうこともふくめて、かたちから入るという傾向が出てきてしまった。基礎になる助走や発声や身体の使い方のことよりも、跳び越したりまちがえずに歌えたりという結果のほうを優先させる傾向が出てしまったわけです。

二番目は見とおしの問題、先生方に見とおしがきかないという問題ですね。つまり公開でこういうことをやるときめたら、それまでにそれぞれの時期、段階でなにをやるのか。一直線にポンと持っていくんではなくて、その教材を深く豊かにやるためにいまなにが必要なのか、ということの見とおしと手順が具体的に見えてこないという問題があったのではないか。

これは発展すると教材解釈の問題にもつながっていくように思います。つまり、一つには教材というものを、より広い系統やそれ自身の構造を視野において、深く豊かにとらえるという問題ですね。それからもう一つには、音楽や体育はあくまでも教育ですから、そういう一つの種目なり歌曲なりととりくむことによって子どものなにをどう育てたいのか、また育てていけるのかという問題。この二つの問題をふくめた意味での教材解釈につながるような気がします。そういう教材解釈ができないから見とおしや手順がなかなか見えてこなかった、という言い方もできるのではないか。

三番目には、基礎の難しさというようなことがあるんだろうと思うんですね。基礎工事の難しさみたいなものがあって、たとえば呼吸とか発声とかいうことは、近藤幹雄先生がいつかおっしゃっていたことですけれども、プロの声楽家にとっても一生の課題なんだ。バレリーナならば毎日通って柔軟体操をやらなければ身体をやわらかく使えない。そういう基礎工事の、そのこと自体が持っている難しさ、奥の深さのようなことがあるのではないか。

だから、歩く走ると簡単に言うけれども、いちばん難しいのは歩く走るですよね。実際に歩く走るだけで一時間指導できる力量を教師はなかなか持てないわけです。

学校の公開研究会なんかでも、見られるのはいつもできあがった結果だけですから、教師はすぐに自分もあれをやってみたいと結果やかたちにとびついてしまう。その過程でどういう指導がなされたのかというふうなことを、これはそこにいらっしゃる境小の先生方なんかはよくご存知だと思うんですけれども、そういうことを私たちは見てないんですね。教授学研究の会の研究としてもそういう蓄積がまだ十分にないように私は思うんですが、そういう、ことがら自体の難しさのようなことがあったのではないか。

だから、かたいと言われてもどうしたらやわらかくなるのかわからないんですね。それで「かたいからやわらかくしなさい」とやってしまうので、子どもはますます頑張ってやわらかくしようとするからおかしなことになってしまう。そういうことがあったのではないか。

三　たのしさをつくり出すもの

それでは一体どうすればいいのかということになりますが、私たちも決して、初めからわかっていたわけではなくて、先生方と一緒に悪戦苦闘をしてきたわけです。どうすれば子どもがたのしくやわらかくなるのか、教育においてたのしさやいきいきとした子どもの表情をつくり出すものは一体何だろうかということを考え続けてきたわけです。それでこれから、その過程でおぼろげながら見えてきたことを少しとり出して、整理してみたいと思うわけです。

これはまだ断片的だし羅列的なものですがあとでみなさんに検討していただき、深めていただければありがたいと思います。

1　広い意味でのリズム

まず第一に、広い意味でのリズムという問題があるのではないかということです。こういうことがあったんですね。五年生が〈子どもの四季〉をやるんですけれども、九月に見せていただいたときに非常に重苦しく歌っていたんです。とくに春と秋の合唱部分がそうでした。それであんまりひどいものですから少しテンポをはやめてリズミカルになるように歌ってもらいました。すると子どもたちの表情がパアッと明るくなったんですね。そして歌声も明るくのびやかになってきた。そういうことがありました。このときのことは、瑞穂の先生方も何人か一緒にそばで見ていたはずです。

それで、私はズボラなもんですから滅多にノートをとらないんですが、そのときだけはこれはおれは一つの発見をしたぞと思いましてね、そのことをすぐ後でノートに書いておきました。そのときのメモがここにありますから読みあげてみます。

五年の〈子どもの四季〉。重く、固く、リズムがなかった。表現も非常に固くぎこちない。秋のときなど気が滅入りそうになる。春のソロ、三重唱なども直立不動に身体を硬直させて、のどだけで歌っている。明治の志士の演説でも聞いているようで、見ているほうでも疲れてしまう。

それで、テンポをはやめてリズミカルにはずむように歌を直した。足踏みをさせて歌わせてもみた。そうすると子どもの顔がパーッと明るくなりニコニコとしてきた。声もやわらかく伸び、明るくなってきた。

こんなふうに書いてあります。そして続けて※印を附して次のような感想が書きしるしてあるんですね。

「リズムは人間の快感に密接に結びついているようだ」と。

こう書いてあります。そういうことがあったんです。他の学年でも、表現やオペレッタの合唱の手入れをしているときにやはり同じことがありました。で、私はそういう体験をとおして、子どもが明るくたのしくなるということはリズミカルな快感と深く結びついているのではないかと思うようになったんです。実はそのときのテープをみなさんに聞いていただこうと思って探したんですけれども、どうしても見つからないんです。それでちょっとその代役のようになりますが、別のものをかけてみます。こういう違いだったのです。初めにかけるのは六月のもの、あとにかけるのは一〇月の練習のテープです。いずれも〈子どもの四季〉の春の部分の出だしのところです。（テープをかける）

これでだいぶ違いがわかると思うんですがやっぱりあとのテープのほうがうんと気持がよくって、こっちが浮き浮きとはずんでくるようなリズムがあるわけですね。そのときに、テープだとわかりませんが、子どもの顔の表情が全然違うんです。よく斎藤先生が子どもの顔がパッと花のように明るくなったとか、しろいきれいな顔になったとかおっしゃってたのはこういうことなんだなということが、私には初めて理解できたように感じました。そういう体験がほかにも何度かあった、ということがあります。

少し話が発展してしまいますが、リズムということをもう少し分析的に考えてみますと三つくらいのことがあるように思います。これは斎藤先生からいろんな場面で学んだことを整理してみただけですが、一つは軽やかにはずんで前進するということですね。行進でもそうだし、助走でもそうですが、ベタベタとひきずったりドタドタと押しつけていくんじゃなくて、いつもホワン、ホワンと気持ちよく軽やかに前進していく。歌の場合もそういう基本のリズムがないと重くなったりかたくなったりするわけですが、そういうことが一つあります。

それから二つめは絶えず流れているということです。途中で止まったり、途切れたりしないで、いつでもなめらかな持続した流れがあるということ。体育の例をとりますと、たとえば前まわりなんかやるときに、マットに手をついたままでなかなかまわらないということがあります。止まっているんですね。ずっと止まって休んでいて、まわるときにはくるっとまわっちゃう。非常に唐突なんです。横まわりなんかでもそうです。動かないときには休んでいる。そうじゃなくって、動かないときにもう出発している、流れが始まっているわけで、それが次の流れに移っていくんです。それを、止まっているときは完全に休んでいて、やおらポコッと動いちゃうというようなことがよくあります。

音楽の場合も同じことですね。とくにフレーズの替わりめや休符のところで途切れたり、お休みになっちゃうことが多い。ある人が休符という言葉がよくないんだ、休符というから休んでしまうんで、あれは黙符というべきだと何かの本で書いていましたが、そういうふうに絶えず流れているということが大事ですね。それがやわらかさということにもつながっていくようにも思うわけです。

それから三つめには、そういう流れに変転起伏のようなものがあること。しかもその変転起伏に必然性や合理性があるときに、リズムがあると言えるのではないかということです。跳び箱の場合ですとスタートから助走、踏み切り、跳び越し、着地という流れの中にそういう変化があるわけですね。踏み切りから跳び越しのところにヤマがあって、そのためにスタートがあり、助走があるというような必然性があるわけです。

さっきの近藤先生のお話の中に、〈河原〉の出だしの部分の「かわらに葦《あし》が」というところをどう表現するのかというお話がありました。「かわらに」と「葦《あし》が」は同じ三拍子なんだけれども音の世界が全然違う。「かわらに」で準備することによって「葦《あし》」が拡大できるんだとおっしゃったわけです。そういう必然性みたいなものがないと流れも生まれてこないということがあります。またそういう必然性があったときに、メリハリがついてきたり、美的になったりしてくる。あるいはお話やドラマが生まれてたのしく、心地よいものになってくるということではないだろうかと思うわけです。

これらの問題はまだ私にも十分に深めきれない問題で、大変おおざっぱなことしか言えない段階なんですが、一応そんなことがリズムというものを考えるいくつかの手がかりになるのではないかと思うんです。ついでに申しますと、小林篤さんの『斎藤喜博の体育授業の論理』（一莖書房）という本を読んでいましたら、指揮者の岩城宏之の言葉として次のような文章が紹介されているんですね。「音の動きと動きの間の、エネルギーの進行の快感が音楽だ」と。エネルギーの進行の快感、快さ、ということなんですが、なんかリズムというのはそういうこととつながっているのではないかという気がします。それから、やはり同じ本の中でスタニスラフスキーの「途切れぬ線」ということが、リズムの問題とつなげて紹介されているんです。たしかにスタニスラフスキーは『俳優修行』（未来社）の中で、「途切れぬ線」はすべての芸術の出発なんだ、音楽でも絵でも朗読でも演技でもすべて「途切れぬ線」から出発するんだということを書いていますね。そういうふうなこととも、リズムは、やはり深い関係があるのではないか。そして、そういう意味でのリズムが、快感や美や合理性といったものとつながっているのではないかと考えてみたりしているんです。以上が広い意味でのリズムの問題です。

2　教材の質と選択

次に、たのしさをつくる二番目の要素として教材の質とか教材選択の問題といったことがあるだろうと思うんです。これは先ほど斎藤さんが出してくださったことですけれども一年生で〈手ぶくろを買いに〉、二年生で〈つるの恩返し〉というオペレッタにとりくむことになった。瑞穂の先生方が考えた原案はそうじゃなくって、逆だったんですけどもね。一年生で〈つるの恩返し〉、これは前年度の呉市鍋小学校の公開でやはり一年生がやったものですが、それをやる。私としてはあまりよい教材とは思えなかったんですが、オペレッタの台本になかなかいいものがないものですから、まあ仕方がない。そして二年生で〈手ぶくろを買いに〉をやるというふうに原案ではなっていました。しかし、子どもの力と担任の先生方の力を見ていると、どうも逆にしたほうがいいんじゃないか。実はあとで、私の見とおしが甘かったことが証明されたんですけれども、そのときはそう思われたものですから逆にしてもらったわけです。

ところが九月になってみましたら、二年生が〈つるの恩返し〉を実にみごとにやっているんです。私はそれを見て、これは子どもたちが完全に教材を越えちゃったなというふうに直感的に感じたんですね。というのは、部分部分をどこか手入れをしても、もう子どもはこれ以上のびないんじゃないか。もちろん部分的な手直しはできるし、それなりのかたちをつけることもできるけれども、この教材ではどうもこれ以上子どもが追求したり、喜んで創造したり、次の世界へ移行していくということはできないんじゃないかという気がしてきたのですね。それで大変申しわけないことなんですがこの教材は思いきって捨ててもらいました。そしてすぐその場で先生方に、〈手ぶくろを買いに〉ととりかえることを検討していただくよう提案したわけです。

そうしたら、これはあとで二年生の先生に聞いたことですが、子どもは初め、やっぱりいやがったそうですね。せっかく一生懸命練習してきたのに、いまさらいやだ、と。それで先生が、そうじゃなくって、あなたがたはこれよりもっといい教材ができるんだからと話しましたら、子どもたちは「そうか、それならやる」と言って喜んでやった。そして四日間で〈手ぶくろを買いに〉の歌を全部おぼえてしまったというんです。非常に子どもが意欲的にとりくんですぐにそれをマスターしてしまった。公開でご覧になった方はご存知でしょうけれども二カ月間で大変みごとなオペレッタに仕上げてしまったわけです。

ところがそれとは反対に、一年生の〈手ぶくろを買いに〉のほうは九月の段階で完全にもてあましちゃってるという状態だったんですね。だからこれは私の予想と完全に逆だったということになります。これはいまから考えますと、学校全体が昨年からの実践の高みの中で仕事をしているわけですから、やはり二年生は一年生のときの基礎の上にさらに二年生としての力をつけていっている。学校全体の高まりの中で二年生が着実に教育されていったということが、一つあろうかと思うんです。もちろんそのうえに、二年生の先生方が非常に頑張って努力をされたということもあると思います。

ところが一年生の子どもはまだ学校に入って半年たらずですから、同じ教材をもてあましてしまい、先生方も十分に指導ができないという問題が出てきてしまったわけです。一一月の、もう公開の直前になっても状況は変わりませんでした。こちらで表現の子どもたちが練習していても、合唱隊は全く知らん顔で騒いでいる。しかも先生のほうは、二年生と同じに教材を大変忠実に、歌も、せりふも、ふりつけも全部入れてやらせようとしているわけです。

それで私は先生方に、いままでの構成を大胆に削ってくださいと言ったんです。思いきって単純にして、あらすじだけがわかるようにすればよい。表現もあまりごたごたやらずに、たとえば母ぎつねと子ぎつねが合唱隊の一歩前に出てきてせりふを言うくらいのことでいい、そのほうがいまの子どもたちの力にみあっているように思う、というような話をしました。

それでそうやってみたら、たしかに子どもが乗ってきた、合唱隊の子どもたちなども非常によく歌うようになったというんですね。これもどうしてそうなったのか、まだ私たちのあいだでもよく分析ができないでいるのですが、ともかくそういう事実はあったわけです。

　それから四年生の場合も教材不足で、初めは別のものをやっていたんです。それで近藤先生に〈子どもの世界だ〉の作曲を急いでいただいて、やっと一〇月になってできたのを持って行って、いままでのものと取り替えてもらったんです。そうしたら子どもが非常に喜んでとりくみ始めたということがあるんですね。公開まで、あとひと月たらずしかなかったときのことなんですけれども。

　こんなふうにいろいろなことがあったわけです。で、私はそういう経験をとおして、やはり教材というものを、常に子どもを見ながら取捨選択することの重要さを学んだように思うのです。この教材で子どもがたのしんでいるか、いきいきと追求し、動いているかということを見ながら教材を入れ替えたり単純化していったりする。そういうことがなにか重要な原則になっているのではないか。

　昨年の冬の合宿研究会での斎藤喜博先生のお話でも、教材選択という問題が出されておりまして、選択ということの中には別な教材を選んで持ってくるということもあるけれども、一つの教材、たとえば教科書教材なら教科書教材でどこをポイントにするかということもふくまれるんだ、ということをおっしゃっていたわけですね。そういうふうに、教材というものを、子どもの状況にあわせて、あるいは教師の力量にあわせて選択したり、ポイントをつくったりしていくということも、子どもをいきいきと動かしたのしんで追求させるうえで、重要な意味を持っているのではないかと考えるわけです。

3　子どもに追求・創造させる

それから、たのしさをつくるということでの第三の問題は、先ほどから斎藤さんがしきりに強調していたことですけれども、子どもに追求させる、創造させるという問題です。やはりこれは大原則だというふうに思います。さっきは六年生で教師が子どもに型を教えてしまったこととの問題が出されたわけですけれども、他の学年でも同じことがたくさんありました。

たとえば二年生の〈手ぶくろを買いに〉は先ほどお話したようないきさつで遅れてスタートしたものですから、初めは先生のほうでもあせってしまってかたちを教えることから入ってしまった。そうすると子どもがなかなか動かない。それでどうにもならないので、意を決して子どもに自由にやらせてみたというんです。そして子どもから出たものでいいものを拾って拡大してやるように切りかえをしてみた。そうしたらいままで考えていたより子どもがものすごく動ける、子どもが大変な力を持っていることがわかって教師が非常に驚いたというんです。

ですから、どうも教師というのはみなさんいい先生なんだけれども、自分が子どもより高いところにいて、なんかそういう高みから低い子どもに教えるんだという意識を脱しきれないんですね。そういうことが、根強く、いわば暗黙の前提としてあるものですから、子どもにどんな力があるかということがわからない。したがってまたそういう力を具体的に引き出すこともできないということになります。

行進の練習をしているときなどもそうでした。一年、二年の先生方などすぐ子どものそばにくっついてしまって、整列させたりくちうるさい注意をする。そうすると子どもはますますダレてしまうんですね。しかし先生方を離してしまうと子どもはちゃんとやるし、できるのです。公開の行進でも、一年生は校庭の向こうの隅で初めはつつきあったり、友達を追いかけて砂をかけたりしているんです。見ていた参観者が、一体どうなるんだろう、あれでちゃんとできるのかしらとかたずをのんで見守っているのですが、ピアノが鳴りはじめるとちゃんと歩くんです。ぐるっと一周して私たちの前を通るときに、「一年生はとてもじょうずだよ。きれいだね」なんてほめてやると、ますますいい気持ちになってみごとな行進をする。そういうことがとても感動的で印象に残ったと、あとでたくさんの参観者から感想が寄せられていました。

二年生の〈かさこじぞう〉のオペレッタのときもそうでした。一〇月頃から場面ごとのイメージを子どもたちと一緒に考えて、表現を考えさせていったら、まず合唱隊が他人ごとでない感じで歌い出したというんです。オペレッタの世界に自分のイメージを持って入ってこれるようになったんでしょうね。それといままで子どものことを叱って注意ばかりしていた先生が急にほめ出したというのです。これは、ほめることを意識してほめたということもあると思うんですが、やっぱりそれだけではなくって、子どもがいいものを出してくるから感動してほめてしまうわけですね。別の先生が、指導をしている先生を見ていて「先生、ずいぶんほめるようになりましたね」と言ったというんです。そういうことがありました。

それから四年生の〈ペルシャの市場にて〉のときのことですが、公開の一週間くらい前に私が行ってみせてもらったときに、二人の女の子がステージで大変みごとに表現しているんですね。非常に美しく、自分の表現として踊っている場面があったんです。それで隣りで一緒に見ていた校長先生に、「ステージのあの二人の子がとてもきれいですね」と言いましたら校長先生がこんな話をされたんです。

実は二、三日前の日曜日にあの二人の子が学校に来て、「担任の浜先生は今日来てますか」と聞きに来たというのです。日曜日なんですが、このころの瑞穂では教師も子どもも日曜日もなにもなかったんですね。公開に向けて最後の追い込みをかけていた時期です。それで校長先生が、いや浜先生は今日はみえないよと話したら、二人で講堂に行ってそこのところを練習してたというんですね。それがあの子たちなんですよ、とニコニコと嬉しそうに話をされたんです。

そうすると、子どもが自分で課題を持って追求しているものがやっぱり表現になって出てきてるんだなということを、私はそのときにも学んだわけです。そういうことが、子どもの表情とかたのしさということに着目しだすと見えてくる。私は相当鈍感なほうだと思うんですけれども、それでも見えてくるってことがあるんですね。私だから見えたということではなくて、私にでも見えたということが重要だと思うんです。こういうことも、一つの研究の材料としてこれから深めていっていい問題ではないかと思います。

これはあとで浜さんが話していたことですが、ある段階で〈ペルシャの市場にて〉が非常によくなってきた。一〇月頃のことです。で、もちろんそれ以前もその後も指導のことでいろいろと困ったことはあったのだが、考えてみると、それ以前の困り方とある段階以降の困り方はどうも質的に違っていたように思う、というのです。どういう違いかというと、以前は教師として与えるものがないという困り方だったというんですね。子どもから引き出してどう拡大していくかというのではなくて、教師がいかに与えるかという困り方だったというんです。そうすると、これは別の言い方をすれば、教師がそういう困り方から脱却できたときに子どもが急速によくなっていった、ということでもあるわけですね。そういうことが、なにかとても大事な問題のように思われるわけです。

浜さんは、ちょうどその頃、「ウスマンじいさん」という国語の教材で組織学習という学習形態を試みています。そうしたら子どもが非常に活発に、たのしそうに意見を出す。子どもたちも意見を言うのがたのしくなったという。考えてみれば、表現で子どもに追求させそれを拡大していくことと、組織学習で子どもたちが出したものを教師が拡大したり組織していくということは同じ原理です。そこになにか表現とか国語といった個別の教科を越えた、教育や授業の一大原則があるのではないか。どうもそんなふうに思われてならないわけです。

以上、断片的でまとまりのない話になってしまいましたが、教育でのたのしさをつくるもの、ということで、第一にリズム、第二に教材の質と選択、第三に子どもによる追求・創造という三つの問題を考えてみました。私がこの一年間瑞穂第三小学校に通いながら学ばせていただいたことを、斎藤征夫さんの報告への補足というかたちで述べてみたわけです。

※追記――この文章は、一九八一年の教授学研究の会・冬の合宿研究会において企画されたシンポジウムでの報告を文章化したものである。〈斎藤喜博の遺産をどう継承し、発展させるか〉というテーマのもとで五つの報告が準備され、それらの一つとして「瑞穂第三小学校の実践をふまえて」と題する斎藤征夫氏と私の報告がなされたのだが、ここでは後半の私のものだけを載せてある。

表現活動で子どもが育つ

子どもを変えた表現活動

卒業式――とうとうやってきたその日の朝、ひろ子先生は誰もいない教室の黒板いっぱいに大きな字で次のように書いた。

「六年四組三八名のみなさん、卒業おめでとう。先生はみんなとめぐり会えてほんとうに幸せでした。たくさんのプレゼントをどうもありがとう」

書き終わってひろ子先生は、深いため息を一つついた。そして、この二年間いっしょに過ごした子どもたちのことを、とくに六年の二学期から表現活動に熱中してとりくんだ子どもたちの姿を、もう一度かみしめるような思いでふりかえるのだった。

「荒れた四年生」という評判の子どもたちが、授業や学級活動でようやくおちついてきたのは五年生の冬。六年になると子どもたちは目に見えて意欲的になり、学級としてのまとまりが見られるようになった。そして秋の運動会。ブルグミュラーのピアノ曲の流れにみごとに乗って組体操の大技を組み立てていく子どもたちの姿に、ひろ子先生は目を見張った。今まで出会った子どもたちにない、張りのあるしなやかな姿だった。子どもたちが確実に育ってきているという手応えを感じた。そのことは、ある母親が運動会の感想として寄せてきた手紙の文面にも確かにあらわれていると思った。「特に、六年生はしっかりと自分らしい意志を持ちつつ、集団がいきいきと交感しあっていて、とてもいいリズムが流れているっていうか。……私も疲れきっていた心と体がゆったりと息づいてくるのを感じていたのでした。きっとこれは一人ひとりが創造性と自分の意志を持って、そして、集団としてつながり合っている素敵さなんだと思っています」と、その母親は書いていた。

運動会が終わって、子どもたちはまたひとまわり成長したようだった。音楽で三部合唱にとりくむ過程で、以前にもまして友達どうしの認め合い・励まし合いの姿が認められるようになった。それが体育に、国語にと広がっていった。この子たちとなら長いあいだ胸の中で温めてきた表現活動をいっしょにつくれるかもしれない、とひろ子先生は思うようになっていた。

〈ペルシャの市場にて〉の舞踊表現にとりくむことを子どもたちに提案したのは一一月中旬のことである。熱のこもったひろ子先生の話を、子どもたちは意欲的に受けとめてくれた。その場で曲を何度も流していっしょに聴き、「感じたこと、頭に浮かんできた景色」などをメモしてもらった。メモをとる子どもたちの姿は真剣で、一人ひとりがくっきり見えた。

その後、しばらくクラス全体での物語づくりが続く。少数だが、まだ十分に乗り切れない消極的な子どもたちを引き込む手立ても考えた。全員がやる気にならなければ表現活動は成功しないからだ。やがて子どもの日記に次のようなものが出てくるようになった。「舞踊表現で音楽をきいていると、物語をどんどん考えついて胸がいっぱいになる。『とうぞく』『あらし』。音楽がせわしく、けわしくなると、みんなからこんな考えが出てきて、なんとなく考えることが似ているなっとか、これは新しい試みだっとか、自分の中で開けていくような感じで、とても気分がよい。四組の物語として、みんなでとりくんでいきたい」。

こうして、八場面からなるクラスの物語ができあがった。八つのグループに分かれてグループごとの素案をつくる作業に入ったのは一一月の末、とりくみを始めてから十日後のことである。子どもたちはグループごとに分かれ、構成や出のタイミング、ステップの種類などを自分たちで動きながら決めていった。一通り決めたあと、さらに体育館を借りて実際に動いてみることにする。一つの動作をするときの人数や、体育館のステージとフロアの使い方、各グループ間の調整などをみんなで考えた。

一二月初旬。八つの場面に動きを入れながら一つの流れをつくり、VTRにとってみんなで鑑賞し批評しあう。この頃の子どもの日記。「表現をやっていると、とってもとーっても面白い。みんなが少しずつ少しずつきれいになっていって、自分も動きをかえてみたりすると、面白くって、どんどんひらめいたりする。昼休みもどんどん変えていって、最初とまったく違う動きになった。やっているといつもいつももっとやりたいなと思ってしまう。いつも一人ひとりが考えて、一人ひとりが行動していく四組のすごさを感じた」。

このあと、校長先生にお願いし、知人で表現の得意な先輩に来校してもらい、直接子どもたちの指導をしてもらう。場面の焦点をはっきりさせること、背景になるときでも気持ちは休まないこと、出のタイミング、たえず全体に神経を配って自分の役割を明確にすることなどを教えてもらった。子どもたちはそれらの指摘を貪欲に吸収し、翌日から、今まで以上に意欲的になっていく。他学年の先生に交渉して体育館を借りてくる子がいた。いつのまにか監督役のような子ができて「四場面の盗賊の出てくるところがごちゃごちゃしてるから、もっと広がって、一人ひとりがもっと自分で盗賊になるといいよ」などと感想を言ったりするようにもなった。「ここはスポットライトがどこに当たっているかわかんないから、中心をつくろうよ」と監督役が言うと、他の子どもたちがさまざまに意見を言い、それぞれに動いてみせる。それを背景役の子が監督といっしょに見て「○○の動きでやろう」などとみんなで決めていく、といった姿が見られるようになった。「私はこの表現が大好きです。四組全員が力を出して、みんなで意見を出し、四組の人達全員で作ったものだから大好きです」と、ある子は日記に書いていた。

二学期の終業式の日。こうしてつくり上げた〈ペルシャの市場にて〉を校長先生に見てもらった。寒い体育館をものともせず、子どもたちは半ズボン、ブルマの体育着姿で大張り切りだった。

「もっと表現をやりたい」

子どもたちのやる気とエネルギーは目を見張るばかりだった。冬休みの宿題は書き初めだけだったのに、日記を続けた子、漢字練習をした子、算数を復習した子など、自分からすすんで勉強した子が予想以上に多くいた。三学期になると「自主勉強」と銘うった個人勉強が始まった。一人ひとりが自分で勉強を探してやってくる。勉強がたのしい、と大勢の子がいう。三学期にいつも苦労する算数の「単位の換算」も、それぞれの子の工夫で難なく乗り越えた。一・二学期とはくらべものにならぬほどのペースで授業がすすんだ。一人ひとりがやる気で輝いていた。

二月中旬、保護者の呼びかけで学級PTA活動としてクラスの「お別れ会」を開くことになった。合唱とあわせて〈ペルシャの市場にて〉も見せることになった。子どもたちは母親たちに見てもらうのが嬉しくてたまらないといった顔で体育館に集まった。その日の表現は校長先生に見てもらったときのものとも、前日の練習のときのものとも少しずつ違っていた。子どもたちは一回ごとに新しいものをつくってたのしんでいるのだ。見ていた母親の多くが涙ぐんでいた。後日、学級通信で紹介された母親の感想には、次のような言葉が書き連ねられていた。

「どの子もどの子もみんなきれいで、すてきで、一生懸命なのが本当に美しいから、みんなを見てしまうのです。そして、そんな風にすてきな一人ひとりが、他の人とちゃんとつながり合っている、ひびき合っている、交流し合ってるってことが、波みたいに伝わって来てしまって、ついには平凡な一人の親は、こんなすてきな仲間のなかにいるわが子がもう一度新しい目で見えてきてしまうのです」「人がその人の感じることや思うことを表現する力、そして他者の表現を受けとり交流し合う力を、私は最も大切な〝生きる力〟ではないかしらと考えています。残念ながら日本の社会も教育も、そうした力を大切に育てるよりは、小学校・中学校とすすむごとに、おさえつけたり捨てさせたり、萎えさせたり、削ぎ落としたりする方向に向かっているとも言えそうですが。でも、そんな中でこんな子ども達が育っており、こんな子ども達を育てることのできる先生と学校とが身近にあるということが、ついつい焦りがちな非力な私を、とても力強くやさしい気持ちにしてくれたのでした」。

「もっと表現をやりたい」という子どもたちの声におされて〈利根川〉(斎藤喜博作詞・近藤幹雄作曲)の表現に本格的にとりくんだのは、二月も下旬になってのことだった。卒業式まであとひと月余りで、そのための練習も始まっていた。国語でドーデの「最後の授業」の勉強に入り、体育では台上頭支持腕立て前方転回の大技に挑戦するという、そんなあわただしい中での〈利根川〉へのとりくみだった。しかし、〈ペルシャの市場にて〉と違って〈利根川〉は朗読、独唱、合唱、身体表現を織りまぜた大作である。時間がないのがなんとも残念だった。それでもみんなで時間を惜しむようにして力を出し合った。そして卒業式直前の、みぞれまじりの寒い日。何人かの父母と校長先生を観客にして、子どもたちは小学校での最後の「表現」を心を込めて発表したのだった。「〈利根川〉は最初からやる気があった。物語作りはないけど、四組得意の歌と表現が合体したやつで、楽しかった。表現をやって、とってもとっても良かったと思う」「これだけ少ない時間で、これだけできたということはすごいと思う。……この〈利根川〉と〈ペルシャの市場にて〉をやって、つけた力は、すごく役に立つと思う。そしてこの力でいろんなことをして、積極的に生きたいと思う」と、子どもたちは日記に書いていた。

ほんとうに、表現活動へのとりくみの中で子どもたちは驚くほどの意欲と力を発揮してきたのだった。「子どもってすごい」という驚きと畏れ、そして「子どもの力を信じることの心地よさ」を、ひろ子先生は教師になって初めて味わったような気がした。「子どもの無限の可能性」という言葉はたんなる美辞麗句でなく事実なのだ、と実感できた貴重な体験でもあった。そうした意味で、この表現活動は、子どもたちにとってだけでなく教師である自分にとってもかけがえのない経験であったのだ、とひろ子先生は思う。だから「先生はみんなとめぐり会えて本当に幸せでした」と黒板に書いた言葉も、よくあるような儀礼的な言葉では決してない。心底からそう思って書いた言葉だ。子どもたちの机をゆっくりと見回し、一人ひとりの顔を胸に刻みつけるようにしながら、ひろ子先生はもう一度心の中で「たくさんのプレゼントをどうもありがとう」と、つぶやくのだった。

自分を表現するたのしさ

右に紹介したひろ子学級の子どもたちの姿の中には、表現活動で成功した実践に共通して見られる特徴が典型的にあらわれている。表現が「好きだ」「楽しい」と子どもたちは言い、「もっと表現をやりたい」と教師に迫ってくる。好きになるのは表現だけではない。勉強も、遊びも、スポーツも、ようするに自分の力を試したり、みんなの力を合わせて何かをしたり創ったりすることがたのしくてならない、というようになってくる。人前で歌ったり自分の考えを述べることへの抵抗感もなくなり、友達のよさに感動し、友達から素直に学べるようになり、男の子と女の子を隔てていた壁も消えてしまう。そして学級としてのまとまりや強い連帯感も生まれてくるようになる。

なぜそういうことが起こるのだろうか。子どもたちの感想文（日記）を手がかりにしながら、もう少しこのことについて考えてみよう。

「私は表現が大好きです。素直に表現して、素直な心もつくれたからです。最初は嫌いだったけど、もう今では一番好きになりました」と、ある子は日記に書いている。最初は嫌いだった表現が好きになったのは、とりくみの過程で「表現する」ことの意味が少しずつわかってきたからでもあった。「表現は最初ただ体だけ動かしていればいいと思っていましたが、体だけ動かしても見ている相手にはつたわらない。もっと頭から、足の指までおおげさだけど表現して、頭の中に景色を浮かべれば、ぜったい見ている相手にも聞いている相手にもつたわると思いました」とこの子は書いている。別の子は、「練習していくうちに、いま、自分が何になっているのか、ここは川のどこなのか、ということなどを考えるようになり、一生懸命自分のせりふを言いました。不思議なことに、表現をやっていても、ぜんぜんはずかしいことなんかない気がします」と書いていた。これらの感想は、表現活動の本質にかかわって重要な意味を持っているように思われる。

表現活動とは、定義ふうにいえば「動きの様式や朗読・歌唱などによって作品の内容を表現し誰かに伝えること」だ、といえるだろう。しかし同時にこの活動は、子どもたちに対しては、表現すべき内容や技術を自己の内部に形成する努力と、人前で自分をさらして表現する勇気とを要求する。言い換えれば、表現活動は自己表現の問題を本質的に含んでいる。自己表現とは、表現者としての自己を見つめ直し、自己と対峙し、自己を再形成していくプロセスをふくむ営みである。だから、表現活動とはたんに作品を形象化するだけの営みではないのだ。そのことを含んで、あるいはそのことをとおして、自分と向き合い、自分を変え、自分を表現していく営みなのである。そこに表現活動が教育的営みとして成り立つ基盤がある。

学校公開に向けて表現活動にとりくんだある中学生が「大勢の人の前で発表することが表現活動ではなく、作品を通して自分の未知の部分、もう一人の自分を見つけ、それを歌や朗読に表すことが表現活動だと思う」と感想を書いているのは、そういうことである。大学の私の演習で表現活動を体験したある学生は、それを「自分砕き」の営みと呼んで次のような感想を書いていた。

「表現活動とは、自分と向き合い、自分を見つめて、無駄を削り、高めていくという、自分との厳しい戦いなのだと思います。相手がいるのですから、あいまいさや妥協、『やったつもり』は許されない。こうした中で、子供の動作も声も表情も、そして内面も成長していくのです。

教科学習では、よく〝授業で子供の『概念くだき』をすることが大切〟といわれます。これは子供が生活の中で覚えた概念をいったん砕くことによって、科学的・系統的な知識が身についていくというものです。それでいくと表現活動は『自分砕き』といえるのかもしれません。表現活動が大切なのは、教科学習の主体である自己、自分そのものを確立していく活動だからではないでしょうか」。

表現活動がこのような意味での「自分砕き」であるとするならば、そのたのしさは、主体としての自己を確立していくたのしさでもあるだろう。それは、表現の創造に向かって自分と向き合い、対決し、自分をつくり変えていく自己実現の喜びにほかならない。「私は、表現は人間にしかできない想像を使ってつくる、人間の美しさを表すものだと思いました」という子どもの感想は、そうした人間の自己実現の姿に触れた感動を示しているのではないか、と思うのである。

「つくる」たのしさ

表現の創造への挑戦は、すでに述べたように自分と対決し自分をつくり変えていく営みである。同時にそれは、子どもたちが学び合い交流しつつ、集団としての努力を具体的な形に結晶させていく過程でもある。一人ではできない、また単純な力の加算では生みだせない結果がそこに生み出されてくる。「ぼくは表現を二つやって、すごくのびたなって思います。なぜだか分からないけど、ぼくがポーズをつけて、先生が『あー、○ちゃんきれいね』と言ってくれると、やっぱりこのポーズをやって正解だったなと思い、そんなことを繰り返しているうちにどんどんのびたなって思っちゃうのです。……〈ペルシャの市場にて〉は十何時間も使って、やっとできたのだから、日本、いや世界で一つしかないものなんだなあー。本当に良かったです」。

努力をし、苦労をして自分たちのかけがえのない表現をつくりあげる。その達成感と満足感が勉強や遊びその他の活動への積極性を引き出し、子どもたちの生活全般にいきいきとした活力を与える。「これだけ少ない時間で、これだけできたということはすごいと思う。……この〈利根川〉と〈ペルシャの市場にて〉をやって、つけた力は、すごく役に立つと思う。そしてこの力でいろんなことをして、積極的に生きたいと思います」という日記の言葉の中に、そうした子どもの自信と満足感がよくあらわれている。

こんなことがあった。ひろ子学級の子どもたちが、三学期に中学校での「一日入学体験」をしたときのことである。帰って来たある子は「トイレにいくとすごく汚い。ぼくたちが入ったらもう少しきれいにしたいな、と思った」と日記に書いていた。また、このときを境にして放課後の学級レクリエーションの様子も一変した。それまでも男の子たちは学級レクリエーションでサッカーやバスケットボールをやっていたのだが、ある子たちは中学校で使う大きめのバスケットボールを買ってきたり、『月刊バスケットボール』などという雑誌やルールブックを買ってきたりして本格的にバスケットの練習を始めるようになっていった。別の子たちはあたらしくバレーボールの練習を始め、今までやっていたサッカーも自分のポジションを決めて練習するように変わっていった。「せっかく中学の部活動をやるならレギュラーになりたい」というのだった。見通しを持って自分たちの生活をつくり出している子どもたちの姿を見て、ひろ子先生は「負けるな」と思ったという。

いうまでもなく、こうした意欲や積極性の背後には教師の指導に支えられた集団的な学び合いの体験と、それを基礎にした友達への信頼と連帯の感情がある。一人ひとりがかけがえのない個性と能力を持った存在であり、そうした友達の中でこそ自分がみがかれていくという自覚が、達成感や満足感とあいまって子どもたちの挑戦的な意欲と積極性を支えているのである。そのことについて、もう少し見ておこう。

学び合いと連帯

表現にとりくむ過程で、子どもたちは友達のことをしばしば日記に書いてくるようになった。「A君やB君が表現をやるときは光っていると思う。自分が人間だけど、その喜怒哀楽を表したり、花になったり、河原の石になったり、草になったり、すごい難しいことをやってのけるなんて全くすごいです」「ある時まで、ぼくはイヤイヤだったけど、A君とB君を見て感動しました。何という美しさ、柔らかさ、楽しさ。そして〈利根川〉がすきになりました」「しかし、A君やB君に助けられた。〈利根川〉を少しやる気になったのは、この二人に助けられたからだった。この二人は一の場面で自分は河原の花になっているという。『すごいなあ』のひと言だった。そのときからぼくのがんばりがはじまった」。

ここに出てくるA君やB君は、いわゆる「できる子」でも「優等生」でもない。むしろ教科の勉強ではそれほど目立つことのない子である。その子たちが黙々と、しかし真剣に自分のイメージを表現しようとしている姿の美しさに、あるとき教師や他の子が気づいて衝撃を受ける。「光っている」「美しい」「柔らかい」「楽しそう」「すごい」という賛辞には、A君やB君を人間として再発見した感動が込められている。自分たちもA君たちのようにやらねばならないし、できるはずだ、という励みも湧いてくる。友達の姿をとおして、子どもたちは自分も含めた人間の奥深い可能性を感じとる。こうして子どもたちのあいだに認め合い・学び合いが始まっていく。子どもたちは次のようにも書いている。

「私は〈ペルシャの市場にて〉を初めてやった時は、表現ってただ音楽に合わせて踊っていればいいんだなとおもっていました。でもそれが何回もやっているうちに、みんなのいいところがみんなの表現にでてきて、やっているうちに、その音楽の中に入って、喜んだり悲しんだりして、とってもいい気分でやれたのがとってもとっても良かったです。……でもこの〈利根川〉でもみんなのいいところが出て、みんな一人ひとりがとってもきれいなのがすごく分かるから、表現っておもしろいなと思いました。もっともっとみんなでやりたかったです」「この二つを通してみんなの動きや顔つきが変わった。そして『何だ、あいつ、あんな動きなんてできたのか』とか『普段はだらけているくせに、表現では表情が違うな』とか思った。表現をやることで、みんなのことがもっとよくわかることができた」。

表現活動の中で「みんなのいいところが出て、みんな一人ひとりがとってもきれいなのがすごく分かる」という体験が、「もっともっとやりたかった」という意欲につながる。友達の動きや表情の変化を目の当たりにすることで、友達を再発見していく。そうした事実の上にだけ、形式的な道徳教育や生活指導だけでは決して育たない真の意味での子どものつながりと、学級の連帯が形成されていくのである。「みんなで仲良く、遊んでしゃべって楽しんでいる四組。表現の時間になると、まるで別人のように、雰囲気が変わる。みんなが一斉に集中する。その時間の中にとけ込んでいる時、自分を感じる。一人ひとりを感じる」と、ある子はいう。表現の創造という共通の課題に向かう集中の中に、自分を育て、友達を生かすかけがえのない集団の絆を身に染みて感じとっているのである。「友達の歌っているところを、自分が表現しながら聞いていると勝手に自分の中でポーズがわいてきてしまい、そのポーズを自然にしてしまう。〈利根川〉の表現をしていると、みんながもうすぐ卒業してしまうんだなんてことも忘れてしまい、ずっとこのままでもいいのになっとか思ってしまう」とも、その子は書いている。

表現活動を成功させる条件

これまで、身体表現活動の事例をあげながら、その教育的な意味について述べてきた。これらのことはしかし、身体表現活動にかぎらず、広く表現活動一般においても当てはまることだと私は考えている。

直接身体を使ってする表現活動だけでなく、文字や絵の具や楽器などの媒体をとおしておこなわれる表現活動の場合でも、それが結局のところ自己表現であることに変わりはない。そうであるかぎり、それは本質的に自己との対決と自己変革の契機を豊かに含む「自分砕き」の営みである。作文であれ描画であれ、すぐれた実践が、それをとおして子どもをみごとに変え、育てる仕事になっている事例を私たちは数多く知っている。その意味で表現活動は、表現媒体の如何を問わず、私たちに豊かな教育的可能性を与えてくれるものといえるだろう。

とはいえ、このことは、表現活動がいつでも無条件に子どもを育てる教育的営為になるということを、直ちに意味するわけではない。それが実り豊かなものとなるためには、当然のことだがいくつかの条件が必要になってくる。

その一つは、すぐれた教材の必要性ということである。食物に滋養の多いものとそうでないものとがあるように、教材にもすぐれたものとそうでないものとがあることは他の教科の場合と変わらない。流行歌やアニメ番組のテーマ曲のようなものを安易に教材化するのでは、子どもを通俗にし、損なうだけである。「舞踊表現で音楽を聞いていると、物語をどんどん考えついて胸がいっぱいになる」「具体的には言えないけど、〈利根川〉には『心』を感じる」と子どもたちは日記に書いている。そうした教材の質の高さと豊かさこそが、子どもたちを否応なくその世界へと魅きつけ、その心や身体を育むことができるのである。

第二に重要なことは、表現は子ども自らがつくるものだという原則である。教師の仕事は、子どもたちを励まし、その意欲や創造性を引き出すための手助けをしてやることでなければならない。よく見られることだが、自分のプランを子どもに押しつけ、思いどおりに子どもを動かそうとする教師がいる。こうした「型はめ」は子どもを教師のロボットにし、操り人形にしてしまうだけであって、反教育的でさえある。なぜなら、押しつけや型はめは、子どもたちが自分と向きあい自分を変えていく自己表現・自己実現の契機を奪うものだからである。子どもたちが「表現は、どんどん自分で想像して、自分の中にストーリをつくっていく。だから、みんなが一つのことに集中し、真剣になり、本当の美しさが見えてくる」といい、「四組全員が力を出して、みんなで意見を出し、四組の人達全員で作ったものだから大好きです」と心から思えるようにすることが大事なのだ。

第三に、演出家としての教師の的確な指導の必要性ということである。教師は子どものよいところ、すぐれた点を見い出し、評価し、広めていく組織者でなければならない。「……同じ場面で以前はみな一列に並んでいたのを、○君たちが少しでこぼこに立って表現しはじめました。それで、たったそれだけで、舞台全体が豊かになります。×さんが三の場面で初めウオーキングをしてから小走りに出るように変えると、それだけで美しさが増します」と、ひろ子先生は学級通信に書いている。こうした具体的な評価や励ましによって子どもは相互に学び合い、より高いものを求めて追求しつづけることができるのである。むろんそうした指導をするためには、教師に、子どもを見る目や教材をとらえる力とともに、表現の技術や舞台構成の原則に関する基礎知識なども必要になる。専門家としての教師が、そのための学習をし努力をしなくてはならないのは当然である。

以上見てきた三つの条件は、いずれも表現活動の重要な原則であるが、しかしそれらは単に表現活動において重要な原則であるというにとどまらない。教材選択の問題、子どもによる創造、的確な指導と子どもの組織などの原則は、そのまま授業における基本の原則に通じている。だから表現活動の指導への習熟は、子どもをいきいきと動かし、生かす授業の創造へとつながるものだ。教師が表現活動にとりくむ意義はそういうところにもある、と私は考えている。

＊追記——ここで紹介した実践の事例は、私たちのサークル「多摩第二土曜の会」の会誌『持続』二〇六号から引用したものである。（加藤裕子「子どもが動き出すとき——舞踊表現〈ペルシャの市場にて〉にとりくんで」）。なおこの記録は、のちに箱石泰和編『表現活動の構成と演出』（私家版、一九九四年）にも収録されている。

表現活動の意義と実際

1　教育としての表現活動

表現活動との出会い

教授学研究の会が、学校公開研究会などで表現活動に活発にとりくむようになったのは、それほど古いことではありません。

一九七八年三月にＮＨＫで放映された「教える――斎藤喜博の教育行脚」の中で東陵小の子どもたちが演じていた〈利根川〉が作曲されたのは、七六年のこと。その後、同じ斎藤喜博作詞、近藤幹雄作曲による〈子どもの四季〉がつくられたのが七九年です。低・中学年でよく演じられるオペレッタ〈手ぶくろを買いに〉〈かさじぞう〉が梶山正人氏によって作曲されたのがそれぞれ七七年、七八年。

会の研究年報である『教授学研究』に表現活動の実践記録が初めて登場するのが七六年

度の第七集です。梶山氏による「音楽劇の指導」と題する記録で、これは宮教大付属小で斎藤喜博先生がオペレッタ〈火い火いたもれ〉の演出指導をされたときの報告。ついでにもう一つ付け加えれば、教授学研究の会の夏の大会で表現の実技指導がおこなわれるようになったのは、七九年の第六回大会（宝塚市）以降のことです。

このように見てきますと、私たちの会が教育としての表現活動にとりくむようになったのはせいぜいさかのぼっても一〇年ほど前からのことで、意外に新しい時期のことだということがわかります（もちろん、さらに歴史をたどればその源流は島小、境小にあるということになりますが、今はそのことはおいておきます）。

私に関して言えば、私が初めて公開研究会で表現活動に触れたのは、七七年一〇月の室蘭啓明高校（第九回）と小松市東陵小学校（第二回）においてのことでした。いずれも前年作曲されたばかりの〈利根川〉で、歌唱と朗読を主にした単純な構成のものでしたが、そのときの新鮮な驚きと感動は今でも忘れることができません。詞や曲のすばらしさとか、歌や朗読のみごとさということももちろんありましたが、なにかそういう次元を越えて、人間の深い美しさや豊かさといったものを目の前にじかにつきつけられ、提示された、というような強い感動を受けたのでした。

それ以来、表現活動は私にとっての一つの憧れの対象になりました。と同時に、そうした活動が持つ教育的な力——それが人間の心身、とくに精神の解放や充足や昂揚にどのような働きをおよぼすのか、ということに関しても、私は強い関心を抱くようになったのです。

さて、表現活動に魅せられてしまった私は、さっそく大学のゼミで学生たちと〈利根川〉や〈子どもの四季〉にとりくむようになります。また斎藤先生が病気で倒れられてからは、他の研究者と一緒に公開校などに入り、しばしば表現活動の指導にたずさわる機会を持つようにもなりました。七九年から八一年にかけてのことです。

しかし、私が表現活動についての体験をさらに深めることができたのは、何といっても瑞穂第三小学校（田嶋定雄校長）と教授学研究の会との共同研究においてのことでした。一九七九年以来足かけ八年におよぶ共同研究の中で、私は初めて、長期にわたって継続的に学校という実践の現場に入り、国語や体育などのさまざまな授業体験とあわせて、表現活動の指導に本格的にとりくむ機会に恵まれたのでした。

この過程で、私は、表現活動が教育において持つ意味や役割というものを、一層具体的にとらえることができたように思います。

子どもたちは、表現ということをとおして、自分の殻をうち破って新しい世界へ突き抜けていく解放感や充足感、友達と力をあわせて一つのものを追求し創造していく喜び、美しいもの高いものに憧れ挑戦していく精神の昂揚といったものをくりかえし体験しながら、豊かで強靱な心と身体を獲得していきました。その姿をつぶさに見ながら、私は、表現というものが、教育におけるたんなる一つの分野というようなものでなく、教育の根底にかかわって深くそれをささえ、他のあらゆる教育的な営みを肥沃なものにする役割を担うものであることを、あらためて認識することができたように思います。それは私にとっていわば新しい教育体験とよびうるようなものであり、そうした体験をとおして私は、教育という人間形成にかかわる仕事の意味をさらに深く考えることができたようにも思うのです。

以下本稿で、私は、そうした表現活動をめぐって主として瑞穂三小で考えたり学んだりしたことをもう一度ふりかえり、自分なりの整理をしてみたいと思います。六回の公開研究会にとりくむ過程で、瑞穂三小では実にさまざまな種類の表現にとりくみ、またそのつど新しい試みや冒険にも挑戦してきました。それらの事実を基礎において、表現活動の教育としての意味、またそれが教育的でありうるための条件、あるいはさらに表現活動を実際に指導していく際の原則や方法といったことがらについても、できるだけ具体的に整理をしてみたいと考えています。どれだけ確かなものをとらえ、明確にできるかわかりませんが、それが共同研究に参加し学ばせてもらった私の一つの義務でもあるように思うからです。

なお、ここで表現活動とよんでいるのは、リズム表現、舞踊表現、オペレッタ、総合表現（〈利根川〉や〈子どもの四季〉などを仮にそう呼んでおきます）など、音楽と身体表現を伴ったものを指しています。広い意味では文章表現、美術、音楽、体育科「表現」などども表現活動に入るわけですが、ここでは先のように限定した意味でこの言葉を使っているということをあらかじめご承知おきください。

〈かさじぞう〉にとりくむ中で

第六回めの公開研究会が終わり、その一週間後の学習発表会（公開研の内容を父母にも見せる）も終わった翌日のことです。大きな行事を終えて、朝の職員室は明るくなごやかな雰囲気に包まれていました。四年担任の内野さんは同学年の先生たちとお茶を飲みながら、「暮れにはおもちつきでもやりたいね」などと話をしていて、教室へ行くのが遅くなってしまいました。

教室へ向かう階段を上りながら、クラスの子どもたちもすっかり解放的になって今ごろは大騒ぎをしているだろう、今日は子どもたちと思いきり遊ぼう、散歩に行くのもいいなあ、などと考えていました。

ところが、教室のドアを開けた内野さんはほんとうに驚いてしまったのです。子どもたちは教師がいないのに、みな真剣な表情で算数の面積の勉強をしているではありませんか。六人の子が前に出て黒板に問題を書き、その小先生にさされた子が解き方を黒板に書いていました。黙って見ていると、答えを書いた子が黒板の前で考え方の説明をするのです。先生が来たことを知っても、みんな集中して説明を聞いています。誰ひとりほかのことをしたり遊んだりしている子はいません。あまりに意外な光景に、内野さんはしばらく呆然としてその場に立ちつくしてしまいました。

このときのことを内野さんは、あとで学級通信に次のように書いています。

——私は負けたと思いました。本当に参ってしまいました。遊ぼうなんて考えていた自分がはずかしくなりました。そのまま黙って教室の隅で見続けていますと、子どもたちは次々と前に出て説明をします。わからない子は質問までしています。誰ひとり聞いていない子はいないのです。

このようすを見て、私は「ああ、これがオペレッタなんだ」と思いました。こんなことは一学期には考えられないことでした。たとえ誰かが前に出たとしても、これほど集中はしていませんでした。合唱やオペレッタをつくっていくうちに、三五人の気持ちがひとつになっていったのでしょう。そして、この気持ちは、前へ前へとぐんぐん進んでいるのです。

公開研究会や学習発表会での子どもたちはすばらしかったです。その表情に感動し胸がいっぱいになった私ですが、このでき事にはもっと心を打たれました。黒板の字がかすんで見えなくなりました。これがオペレッタだと何度も心の中で繰り返していました。

——

こんなふうに内野さんは書いています。

公開に向かって子どもたちは何か月も合唱や体育やオペレッタにとりくんできました。もちろん、授業もおろそかにはできません。ですから厳密にいえば、オペレッタだけでなくいろいろな勉強へのとりくみをとおして、こういう子どもたちが育てられてきたわけです。

しかしそれにしても、この子たちはことのほかオペレッタが好きで、この年にとりくむことになった〈かさじぞう〉のこともたいへん気に入っていました。なにしろおじいさん役を決めるときには男の子全員が立候補する、というぐあいなのです。場面の構成を考えるときも、みんなで意見を出しあい智恵を出しあって、先生と一緒に考えました。そのことが楽しくてたまらないというようすでした。

次のものは、そんなときに、ある女の子が家で考えてきてくれた演出ノートです。ちょっとごらんください。おじいさんが売れなかったあみ笠を六じぞうにかぶせて家に帰って来るところで、次のような合唱が歌われる場面のものです。

雪をかぶった一軒家
ばあさん帰りをまっている
しんしん雪のふる中を
もちを買ってくるだろな
ぱちぱちもえよいろりの火
じいさんたんとあたためよ

……………

ノートの左のページには図があって、講堂のようすと子どもたちの配置が描かれています。手前にグランドピアノがあります。中央には机と椅子が並べられていますが、これは、校長先生や大学の先生が見てくれるときのものです。残りの上半分が表現に使えるスペースということになります。上のほうには雛壇が三段描かれており、その上はステージになるはずです。雛壇には子どもたち（○印）が並んでおり、両袖は合唱隊になります。向かって左が高音部、右側が低音部です。雛壇の中央には五人の子どもが配置され、それぞれの動きが矢印で書き込まれています。フロアには五人の子どもの姿が描かれています。白いパ

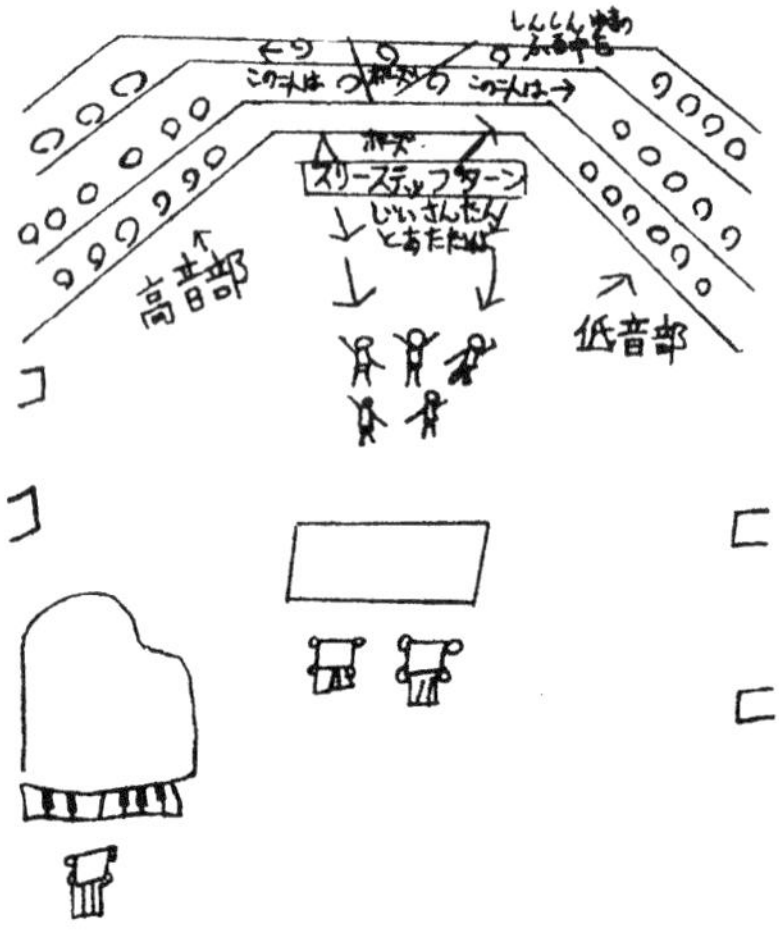

ンツは男子、黒は女子のブルマでしょうか。五人の腕の方向、バランスの調和などにも細かい神経が配られていることがおわかりと思います。

ノートの右側は（せつめい）となっており、次のようなことが書きこんであります。

1、五人が合唱台に三かくになるようにたつ。

2、「しんしん……」のところでスリーステップでわかれる。真ん中の人は、ポーズする。二回やったらまた、はんたいに二回進む。

3、「ぱちぱち」で、みぎの人がななめのバランスをして、「もえよ」でひだりの人がバランスして、「いろりの火」でまん中の人が手をひろげて、そる。

4、「じいさんたんとあたためよう。」で前におりてきて、ポーズをする。

5、ほかの人は、ななめになったがっしょう台でうたう。

6、もちをかってくるだろなで、がっしょうたいが二、三歩歩く。

このノートを内野さんに見せてもらったとき、私はほんとうにびっくりしてしまいました。これだけのものをつくるには、子どもの頭の中に場面のイメージはもとより、曲の流れや構造、ステップや動きと歌との調和、構成の変化やバランス等々といったことがしっかりと頭の中に入っていなくてはなりません。よほど子どもたちがこのオペレッタの世界に深く入りこみ、自分のものとしてそれをとらえていなければできることではないと思ったからです。

こういうものを他の子も次々と出し、それをもとにして新しい構成がつくられ、それがまた修正されて、この子どもたちのものでしかないオペレッタ〈かさじぞう〉ができあがったのでした。

公開研究会で発表するとき、子どもたちはだれもが自信と誇りに満ちた表情でいきいきとオペレッタを演じていました。歌もステップも動作もポーズも実に豊かではつらつとしており、四年生らしい気品と深さを備えたみごとな表現でした。そしてなによりも、一人ひとりの子どもがみな主役として輝き、確かな存在感を持って自分を主張しているということに、私も他の参観者も深く心を打たれたのでした。

解放と創造

先の演出ノートを書いたIさんは、学習発表会のあと、次のような日記を書いています。

オペレッタを考えると

先生。かさじぞうはもうやらないのですか。私は、今日おふろに入ってそのことを考えました。

(もう、一生かさじぞうはやらないのかなあ。もう一回でいいからやりたいな。)

と思いました。いままでのことを思いながら、さいしょから、歌やセリフをいいました。しらないうちに、なみだがたまって、一てきポタッとおちました。もう一回でいいから、やりたいなあ。

こんな気持ちはIさんだけのものではありません。「ぼくが『先生、まだオペレッタをやる』と言ったら、先生が『やりますよ』と言った。そうしたら、みんなが、わいわいよろこんでいた。ぼくは、みんな、本当にやる気があるんだなあとわかった」と、書いている子もいました。

子どもたちはオペレッター——もっと広くいえば表現活動、が大好きです。瑞穂三小ではどの学年でもどの学級でも例外なくそうでした。もしそうでないことがあるとすれば、それは教師が表現活動についての考え方や指導を誤ったときのことで、要するに、教師のほうに原因がある場合でした。

子どもたちがどんなに表現という活動に熱中するかということは、次のような文章にもよくあらわれています。いずれも手もとにある瑞穂三小の実践記録集や学級通信からとったものです。

――わたしは、いつも頭の中がオペレッタのことでいっぱいです。ねているときも、オペレッタのゆめを見ています。（二年女子）――

――裕子ちゃんはすごいと思う。先生があしたのれんらくを書いていると、「オペレッタ、オペレッタ」とさわぎ、先生が『オ』と書くと、「やったあ」とすごくよろこんでいる。日記にもオペレッタがやりたくてしょうがないと書いているという。わたしも何かやりたいです。（三年女子）――

――つまらないな。だって、もう〈子どもの世界だ〉ができないんだもん。今考えるとなみだが出て、なきそう。だって、〈子どもの世界だ〉は、たくさん、思い出がある。

「もう一回やりたい……。

もう一回やりたい……。

もう一回やりたい！」

と思います。

つまらないよ――。

さびしいよ――！（三年女子）――

どうして子どもたちは、こんなに表現活動が好きなのでしょうか。それを今、心理学的に説明したり、あるいは人間学や芸術論の角度からあきらかにしたりする余裕や能力は、私にはありません。しかしこれはたいへん興味深いことだし、おそらく教育学にとってもきわめて重要な問題なのだろうと思います。

少し余談になりますが、大学の私の演習で学生たちが〈利根川〉をやったとき、レポートに次のようなことを書いていた学生がいました。

――後期より〈利根川〉の授業に入った。毎週毎週が、楽しみでたまらない。一時間半の授業時間の短かさが悲しい。始まると同時にいつもすぐ来てしまうだろう終わりのことを考えた。何故こんなに心がはずむのかわからない。これはきっと体験した人でないと、決してわからない喜びだろうと思う。生きていることの実感を楽しんでいるなどといったらあまりにも大げさ過ぎるだろうか。しかし私にとって表現とは、一種の自己解放の場であり、生きるバランスでもあると思っている。（中略）

一時間一時間、皆の顔色が変わっていくのがわかった。初めは照れて声も出せなかった人が、堂々と作品の世界に入りこんでいる。自分の体と心を開いて踊ったり歌ったり表現したりということは、やはり、人間ならば誰でももっている自然な欲求なのではないだろうか。ただ長年の生活習慣などからそういう欲求を押しこめてきたために、はきだすのがちょっと勇気がいるだけだと思う。――

表現活動の楽しさは「体験した人でないと決してわからない」と、この学生は書いています。そしてそうであることを前提にしつつ、彼女はさらにそれを「生きていることの実感」「一種の自己解放の場」「生きるバランス」「人間ならば誰でももっている自然な欲求」などという言葉で言いあらわそうとしています。

これはおそらく、小学生の場合でも同じことなのだろうと私は思います。ただ、小学生はこんな言葉で自分の感覚を表現できないものだから、たとえば、「ひょうげんがすきになりそう。だってかおがあかるくなるんだもん」（四年女子）とか、「一ばんのうたをうたったとき、なんかおどりたくなってきちゃった。どうしてだろう。オペレッタってほんとうにいいね。……わたしはすっかりいい心になって、いい気もちになった」（二年女子）とかといったふうに書くのだろうと思うのです。自分を解放し、表現していくことの快感といったらよいのでしょうか。

ところで、自分を解放し表現するということは、一方で自分の心身を束縛していた何かから解き放たれることを意味するとともに、他方で、自分自身の中に新しいものをつくっていく、もしくは自分自身を新しいものに変えていくという営みでもあるはずです。つまりこの解放は、常に創造を——少なくとも創造の契機をふくんだ解放である、ということができると思うのです。このことがここでは重要になります。学生がレポートの中で「一時間一時間、皆の顔色が変わっていくのがわかった。初めは照れて声も出せなかった人が、堂々と作品の世界に入りこんでいる」と書き、その事実に深く感動していることは、その意味でとても大事なことだと思うのです。

この「解放と創造」、それにかかわっての表現活動のたのしさ、という問題については、稿をあらためてもう少し考えてみたいと思います。

2　解放と創造

解放を阻害するもの

前回に続けて表現における解放と創造、それとかかわっての表現活動のたのしさ、ということについて考えてみたいと思います。

大学の演習で、学生たちに表現の問題について考えてもらうために、私は毎年朗読や合唱、指揮練習、それに〈利根川〉の表現などにとりくんでいます。年度末には一年間のゼミをふりかえって、考えたり学んだりしたことをレポートにまとめて提出してもらうわけですが、今年度のレポートの中に次のようなものがありました。

この学生は人前に出ることが大の苦手で、ゼミの合唱練習のときなどに前に出て指揮をさせられるのが大変苦痛であるような学生でした。友達がみんなの前で一生懸命やっているのを横目で見ながらますます自信をなくし、次第にゼミに出席することさえ憂うつになってきた、ということなども書かれています。そんなあるとき、ゼミの時間の始まる前に、親しい友人から「恥ずかしいという思いを捨てて一歩前に踏み出してごらん。肩の力が抜けるから」と言われ、今日こそは勇気を出して自分から手をあげて前に出ようと一大決心をしてゼミに臨みます。そしていよいよゼミが始まったのですが、そこで起こったことを、続けて彼女は次のように書いていたのでした。

――その時間もいつものように合唱指揮練習が始まり、何人かが前に出て先生の指導をうけ、私の隣の席に座っていた人も指名されて前に出てゆきました。〝もしかしたら……〟と私が思っているちょうどその時に、反対側の隣りにいたもう一人の山田さんが、「きっと次、ともちゃんだよ」と言ったのです。

その瞬間、私の身体に信じられないことがおこりました。呼吸がしにくくなって身体じゅうが硬直し、どんなに手を動かそうとしても動かず、全身がどこも私の思い通りには動かないのでした。頭だけが異常にさえていて、次にはきっと自分が当てられるだろうということと、今、身体が全く動かないという二つのことが、明瞭に意識することができました。そして隣の人の指揮が終わり、自分が当たるであろうと覚悟した時、頭にあったのは〝当てられても一歩だって歩けやしない、顔を先生の方に向けるために首を動かすことだって、できはしないだろう〟という意識だけでした。——

幸いなことに（？）彼女は指名を免れ、ゼミは終わったのですが、「一気に気の抜けた私は、その後、急激な緊張からの硬直（自己診断ですが……）による全身の筋肉痛を感じながら、心底情けない思いで帰途に着いた」というわけです。

人前で身体を動かしたり自分を表現したりすることに強い抵抗を感じるのは、この学生だけでなく、他の多くの学生の場合でも同じであるようです。確かに合唱指揮とか身体表現——私は指揮も身体表現の一種だと考えています——などといったものと縁遠い世界で育ってきた学生たちですから、いきなりそれをやれといわれても、抵抗を感じたり緊張してしまったりするのはやむをえないことなのでしょう。表現とは何をどのように表現することなのか、イメージをつくるにはどうすればよいのか、肩の力を抜くとか腰でリズムをつくるとかいわれるが一体どうすればそういうことができるのか等々、わからないことだらけだし、教えられたからといって簡単にできるようになる性質のものでもない。そういうむずかしさがまず、ことがらの基本にあるわけです。

しかしそうした、いわば表現という創造的行為そのものに付着しているむずかしさ、それにともなう抵抗感や緊張とは別に、他方で、俗にいういわゆる羞恥心のようなものが、こういう場合にも強く働いているということも無視しがたい事実のようです。人前で歌ったり踊ったりすることが恥ずかしい、みんなの前で自分をさらすことが照れくさい、といったような感情。そこからくる抵抗感や困惑、緊張。そういうものが自分の心や身体を固く縛りつけてしまって、スムーズに動けなくなってしまうということは誰もが一度や二度は経験していることだと思います。もちろん私たちが人前で自分を表現することに慣れていない、ということもあるでしょう。しかしもっと根源的には、私たちの生活環境や人間関係の中に、自分をさらし表現するという行為に対する抜きがたい偏見や違和感が強く浸透している、という問題があるのではないか。

学校という場、学校における人間関係においても同様です。ある学生がやはりレポートの中でこんなことを書いていました。

――どうしても変なはずかしさのようなものが、身体をしばりつけていたのである。小学生の頃など、詩の朗読などでちょっとかっこよく読んだりすると、そのことで誰かに馬鹿にされるようなことがあった。きっとその頃の印象がいまだに身体の中に残っていて、自分をさらけ出して表現することができなくなってしまっていたのだと思う。――

さらにこれは別の学生ですが、次のように書いている学生もいました。

――このゼミの中で馬鹿なこともできるようになった、と書いたけれど、馬鹿なことと一般的には白い目で見られるかもしれないことが、必要となれば素直にできる、という感じに変わった。言い換えると、この中で、人と変わったことをしても、馬鹿にされる心配がないのだった。

今にして思うけれども、このゼミの雰囲気は独得のものだったように思う。嘲笑というものを一回も誰からも見ることがなかった。それがこの授業を受けた後の気もち良さにもつながるのだろうか。私は今までに唯の一度もこんな雰囲気のクラスで勉強したことがない。自分が馬鹿にされないように鉄壁の鎧を身につけて、馬鹿にされるから馬鹿にし返す、といったギクシャクした友人関係の中で生きてきたように思う。――

ここで学生たちが書いているようなことは、こんにちの学校その他の生活環境の中で一般的に見られる状況であるのかもしれません。瑞穂三小の卒業生が中学の音楽の時間に大きな声で歌ったら、他の小学校から来た子に「おまえらは、恥というものを知らねえのかよ」といわれたと嘆いていた、という話も聞きました。こうした状況がある限り、その中で育ってきた、あるいは育ちつつある若い人々が、表現という行為に対して強い抵抗感を持ち身構えてしまうのは、むしろ当然のことだといえるでしょう。表現はそのような羞恥心や抵抗感との対決、言い換えればそうした感覚を身につけてしまった自分自身との対決、ということを抜きにしては成りたたないということになります。
竹内敏晴氏は『話すということ――朗読源論への試み』（国土社）の中で、次のように述べています。

――そうすると、自分の中で動き出したものが外に表れてくるという筋道を、いろいろなからだの、あるいはこころのこわばりで、私たちは閉ざしている、あるいは阻害しているわけですから、表現するとは、その阻害しているものを押しのける、あるいは取り除くという作業でもあるといえる。（中略）いずれにしても、さまざまな形の阻害に立ち向かって、それを何とかしようとする主体としての人間のからだの、解放への試みだといってもいいでしょう。（一三四頁）――

「自分の中で動き出し」「外に表れ」ようとするものを「阻害」する「いろいろなからだの、あるいはこころのこわばり」。それとの対決、闘い。表現するという行為は、なによりもまずそうした自分自身との対決、闘いであり、「主体としての人間のからだの、解放への試み」であります。そしてそれはまた、右に述べたような意味で自己変革の試みであると同時に、自己をとりまく人間関係の変革ということを必然的な条件として要請する試みでもあるでしょう。教育における表現活動が、常に学級の人間関係の解放や変革という課題とつなげて論じられなければならぬ根拠は、まさしくこの点にあるのです。

創造という契機（モメント）

学級の人間関係が開かれた明るいものになり、子どもたちがつまらぬ照れや羞恥心から解放されてのびのびと自分を出せるようになったとき、彼らは表現活動を心から好み、たのしむようになります。もともと歌ったり踊ったり表現したりすることは、それが内的必然性にもとづく自然な行為である限り、人間にとっては快感であるに違いないと思うのです。

ふたたび瑞穂三小の事実に目を転じながら、もう少しそのことを考えてみましょう。第二回の公開研究会のとき、五年生で〈モルダウの流れ〉の合唱にとりくんだ柳英司さんは、実践記録集にこんなことを書いています。

公開が一か月後に迫った頃、〈モルダウの流れ〉が入っているスメタナの交響曲〈わが祖国〉を子どもたちに聴かせたところ、子どもたちが「この曲で踊ってみたい」といい始めた。瑞穂三小に赴任したばかりで表現の指導などまるでできない柳さんだったが、子どもたちは「モルダウの源から水が流れ出てくるようすや、河岸で人々が収穫を祝って楽しそうに踊っているようすなどを次々と表現し」先生のところへ感想を求めにやってくる。

そんな子どもたちの姿を紹介しながら、柳さんは次のように書いているのでした。

――表現が大好きな女の子ばかりでなく、無器用な動きしか出来ないような男の子までが、このモルダウの表現に夢中になってとりくんでいたのは意外でもあり、うれしくもあった。

音楽の授業になると、「表現でモルダウを踊ってから歌を歌わせてくれ」と子ども達は言い始めた。「踊ってから歌うととても気持ちよく歌える」とか「感情がとてもよく入る」あるいは「今まで出なかったような高音が出るんだ」とか言うのだ。――

また、第三回の公開で二年生の子どもとオペレッタ〈手ぶくろを買いに〉にとりくんだ和田雅実さんも、やはり実践記録で次のように書いていました。

――オペレッタの魅力は、歌う、踊る、しゃべる（朗読、セリフ）の三拍子の揃っていることなのかもしれない。その中で特に子どもたちが好むのは踊りだった。自分の意志、自分の身体で表現する。子どもたちにとって踊ることが歌や朗読以上にひきつけられるものらしい。運動会にむけてとりくんだ創作ダンス（ハイドンの〈時計〉）の時も子どもたちはやはり喜んだ。子どもたちは自己をさらけ出すことに恥じらいを覚えながらも自己を出しきりたいという願いをもっている。時には、しったの声を受けながらもがんばってくいついてくる。汗びっしょりになって疲れた時がいいという。子どもたちにとって汗をかくことは満たされた気もちに浸ることであり、ここちよい汗なのだ。——

踊るという行為において、心身を解放し、自分を出しきったり汗をかいたりすることが、人間にとってどんなに自然でたのしいものであるかがわかります。こういう解放感や充足感のようなものが、確かに表現活動のたのしさの中にはふくまれている。

しかし同時に、こうした解放感や充足感はたんなる身体運動におけるそれとは違って、あくまでも何かを創造するという契機と不可分につながっている、ということも忘れてはならないことです。このことが実は、重要になる。

表現活動においていくら解放がだいじだといっても、それは勝手放題気の向くままに何かをやることがだいじだという意味ではもちろんありません。そうでなく、あくまでも何かを求め創り出すために、言い換えればそうした創造的行為が成り立つための土壌・前提として、どうしても解放ということが問題となり必要とされるのだ、ということなのです。創造という契機と結びつかない「解放」は、単なる勝手放題にすぎないのであって、次元の低いものです。そういう「解放」も無意味とはいえませんが、しかし表現活動における解放がもしそれだけのものならば、子どもたちは決して心の底から満たされることもないし、高まりもしないでしょう。柳さんや和田さんのクラスの子どもたちが踊ることをたのしいというのは、ただ単に生理的に身体を動かす（それも当然ふくむが）だけでなく、そこに未知の新しい何かを求め創造する営みがあるからであり、そういうものと結びついたより本質的な心身の解放があるからだろう、と私は考えるのです。

このことに関連して、一つだけ事例をあげておきましょう。

和田さんが二年生のクラスを持ち上げて三年の担任になった年のことでした。この年、和田さんのクラスでは第四回めの公開研に向けて〈子どもの世界だ〉に挑戦することになったのです。前年の〈手ぶくろを買いに〉のとりくみをとおして子どもたちは明るくひらかれた子どもになってきていました。そのことに自信を得て、和田さんは、この年はさらに一人ひとりの個性を鮮明にし、自分を積極的に主張できる強い子どもに育てたい、とひそかな抱負を持って新しいオペレッタにとりくんだのです。

ところが練習を始めてみますと、元気に屈託なく動いたりたのしんだりするのはいいのですが、子どもたちはてんでんばらばらで、なかなか全体としてのまとまりや調和が出てきません。友達がいい動きを出しても、教師がいろいろと注文をかけても、子どもたちはあまり関心を示さず思い思いに勝手に動きまわっていることが多い、という状態でした。和田さん自身の中にも、オペレッタでは子どもをのびのびと解放することが大事なのだから、元気にたのしんで動きまわってくれればそれはそれで意味があるという気持ちがあって、そういうことがそれほど気にならなかったということもあったようです。

公開の十日前に私が見せてもらったときも同じような状態でした。一人ひとりのセリフも踊りも雑で、イメージや内容がなく、踊りも場面の構成も雑然として統一のないものでした。私がそのことを指摘しても、子どもたちはおしゃべりをしたりふざけたりしていてちっとも聞いてくれません。

そのときのようすを和田さんは、実践記録集で次のように書いています。

——この時に私はまだ、何が一番必要とされているものなのかを気づかないでいた。一一月一日に見ていただいた時、子どもたちは箱石生先の投げかける言葉も聞いてなく、友達とふざけっこをして無頓着だった。箱石先生は、この様子をごらんになってつぶやかれた。「これはもう、何を言っても無駄だね」。そして、そのあと（私に）指摘された言葉は痛烈に響いてきた。

・楽しいことだけでは駄目だ。全体的に乱暴です。雑です。
・生のままです。低い次元のところでの問題です。
・ていねいさがない。
・ちっとも美的じゃない。
（中略）
・作品がわかっていない。作品のイメージと違う。

・もっと内容のある上品さ、しっとりとしたものがほしい。——

こんなふうに書いているのですが、このとき私に見えた問題点とは、要するに、このクラスのオペレッタには作品の深い解釈にもとづいた追求や創造がない、もしくは不足している、ということだったのです。和田さん自身も、「今まで私は、表現活動を通じて子どもたちの心を開かせ、表現って何て楽しいものなんだろう、表現をやっていたら、いい気持ちになってきちゃったという言葉を求めて指導してきた。極端な言い方をするならば、『楽しければいいいんだよ』ぐらいにしか、とらえていなかった」「次の高い世界へ子どもたちをひきつれていくことに気づかず、子どもを停滞させていた」と書いています。

表現活動における解放とは、決してただそれだけのためにあるものではない。子ども一人ひとりが心や身体の「こわばり」を捨て去って、自分自身の中に、あるいは学級という集団の中に、未知の新しい何かを創造していくためにこそ必要なのです。逆に言えばそういう創造的な営みと結びついたときにのみ、ほんとうの意味での解放が個人の中にも集団の人間関係の中にも成立するのだ、と言えると思うのです。

創造するたのしさ

表現活動における創造のたのしさということの中には、二つの内容がふくまれています。

一つは自分自身の中に新しいものをつくっていく、もしくは自分自身を新しいものへと変えていくことのたのしさであり、もう一つは、集団の力で、あるものをつくっていくことのたのしさです。

四年生で浜勝さんが〈ペルシャの市場にて〉の舞踊表現にとりくんだとき、ある女の子が日記に「……王女さまにでます。そこで自由におどるので、いいのを考えました。このごろはそういうことをやるのがたのしくてたまりません。一回見せてもう一回見せたかった」と書いていました。この子に限らず、他の子どもたちも大変に意欲的でした。ある場面の人数をもう少しふやしたいので「四人募集します」というと、何人もの子が名のり出て選考に苦労する。ポーズが少ない、と指摘されると、グループでダンスの本の写真をヒントにして足のあげ方を工夫したり、手の位置を考える、というようなぐあいでした。

前回紹介した内野学級の子どもたちもそうでしたが、子どもたちは、表現活動にとりくんでさまざまな工夫をし、努力をし、ときには自分ときびしく対峙し闘いながら、新しい自分をつくり出していくことに本質的な喜びを持つものです。そしてそのためには、友達や教師から実に貪欲に学び吸収していくのです。

先の浜さんのクラスの別の子は、やはり日記に次のようなことを書いていました。

――しんこきゅうをして自分のばしょでまった。はじめに出るのは花うりです。うしろの足をのばして、やりました。荒井さんはとてもこしがのびてるということで、ようく見てた。とてもいいおてほんになった。ありがとうと言いたかった。——

次のものは、第三回公開で〈子どもの世界だ〉にとりくんだ佐保田学級（三年）の子どもの日記です。

——先生に、「香織ちゃんの木のポーズは死んでるよ。」と言われたので、わたしはびっくりした。（略）ちあきちゃんが、「今度から、天じょうを見て手をうんと伸ばしな。」と教えてくれた。（略）さっきちあきちゃんに言われたことを思い出してやった。先生がにこにこしながら、「さっきよりもはるかによくなったじゃない。とってもいいよ。」と言った。わたしは、すごくうれしかった。——

——今日のちあきちゃんは、ものすごくひっしにやっていた。ぼくはかんどうした。家に帰っても、すごく気もちがよかった。——

このように、子どもたちは友達から教えられ、あるいは自発的に学んで、自分を変え、高めていくのです。そしてその過程で、友達の存在が自分の成長にとってどんなに大切なものであるかということや、みんなの力を出し合って一つのものをつくりあげていくことがどんなにすばらしいことであるかを、しみじみと実感できるようになるのです。「オペレッタをうまくつくりあげるには、みんなの力がいります。わたしは、わたしなりにがん

ばりました。さいごにはみんなの力がみんな出ていました」という二年生の女の子の感想が、そういうことをよくあらわしています

3　子どもを育て、変革する

表現活動で育つもの

表現活動をとおして子どもたちがどのように変革され、あるいは成長していくかということを、瑞穂三小の資料を整理しながら考えてみようと思います。

第三回めの公開研究会でオペレッタ〈子どもの世界だ〉にとりくんだ佐保田学級（三年生）の子どもたちは、公開のあとで自分をふりかえって、次のように書いています。

○はっきりいけんが言えるようになった。しっぱいしてもはずかしくなくなった。大きな声が出せるようになった。人の話をじっくり聞けるようになった。（女子）

○いままで声が出なかったのが、いっぱい出るようになった。表げんが、だいたいわかってきた。友達のいけんを聞いて自分も考え、いけんがもてるようになってきた。

（女子）

○前は、先生に「ほら、こっち」とか言われてばかりいたけど、いまは自分で行動できるようになってきた。（男子）

○人の前で、大きい声を出していけんが言えるようになった。ひとりでもいっしょうけんめいやれば何でもできるんだというのがわかった。（男子）

○みんなの前で、はずかしがらずにおどったり、国語のとき、手をあげていけんが言えるようになった。（男子）

○オペレッタで考えたりしていたから、国語でもいけんが言えるようになってきた。せりふを言ったり、おどったりしても、はずかしくなくなってきた。気もちをこめて表げんができるようになった。（女子）

○前は、お母さんに「声が小さい。声が小さい」と言われていたけど、いまではじしんをもって表げんをしたり、大きな声でしゃべれるようになった。（女子）

○人の前で、しゃべったりおどったりできるようになった。声もきれいになった。だれでもしんけんにやればできるんだということがわかった。（男子）

○声がらくに出るようになった。国語のとき、みんなのいけんを聞きながら自分のいけんが言えるようになった。（女子）

他にも多くの子が、同様のことを書いています。

人前で恥ずかしがらずに歌ったり、踊ったりできるようになったということの他に、「大きな声でしゃべれるようになった」「国語のとき、手をあげていけんが言えるようになった」「自分で行動できるようになってきた」「人の話をじっくり聞けるようになった」「いっしょうけんめいやれば何でもできるんだということがわかった」等々と子どもたちは書いています。ただ上手に歌えたり踊れたりということだけでなく、みんなでオペレッタをつくりあげていくという目的に向かって、自分と闘い、心を開き、友達に学び励まされながら、自分や学級を新しい次元に高めていく過程がそこにある、ということが重要なのだと思います。

このことはもちろん、表現活動というものを、教師が教育の素材（教材）としてどのように位置づけているか、ということに深くかかわっています。

第四回の公開でやはり三年生と〈子どもの世界だ〉にとりくんだ和田さんは、教師としての自分の願いを学級通信に次のように書いていました。

——今、私が子どもたちに一番したいと思っていることは、一人一人を強くすることだ。これは担任してからの願いでもある。一人一人を強くするということは、もっと子どもたち一人一人の個性を引き出すことです。（中略）授業で、ひとことも発表できないでいる。表現をしても、ニヤニヤしている。そのものになりきれずにいる。「はずかしい気持ち」を捨て去らせない限り、この子たちは、授業でいつも発表できないでいるし、うたで口もあかないし、表現で思いっきり、心と体を開放して踊ることはできない。

なんとかして子どもをもっと追い込んでみたい。追い込まれた中からうまれるのは「個」であり、一人一人の顔であるような気がする。――

表現をとおして子どもの心身を開かせ、個性を引き出し、個を強くしていく。そこに表現活動の一つの目標を置くという考え方は、和田さんだけでなく、この学校の教師たちに共通のものでした。前述の佐保田学級の子どもの感想も、そうした教師の願いや位置づけにもとづいたとりくみの中で生まれたものだったのです。

個を育てるということ

表現活動が個を育て、子どもを変革するというのはどういうことなのか、もう少し具体的に考えてみたいと思います。

第三回の公開において、二年生で〈手ぶくろを買いに〉にとりくんだ和田さんが最も頭を悩ましたことの一つは、子ぎつねの役を誰にするか、ということでした。希望する子がいなかったというのではありません。そうでなく、反対に、みずから立候補したA君と、友達から推薦されたB君のどちらにやってもらうかという問題が、悩みのタネだったのでした。

A君は成績もよく、何ごとも積極的で表現力のある申しぶんのない子です。対してB君は、クリクリした目のあどけない表情はいかにも子ぎつねという感じだったのですが、なにしろやんちゃでルーズなところが問題でした。友達からも「よく嘘をつく」とか「人の物をとる」と非難されることがあり、授業中にあきてくるとすぐ消ゴムで遊び始めたり、係や当番活動なども無責任にいつも逃げまわっている子だったのです。

悩んだあげくに、和田さんは、やっぱり子ぎつね役はB君にやってもらうことに決めました。A君ならどんな役でもできるけれども、B君の場合は子ぎつね役しかない。B君に「主役という大きな役をやってもらい、その中で彼自身の変革に一つの賭けをしようとひそかに思っていた」と、和田さんは実践記録集に書いています。「公開ではうまくできなくてもいいから、過程において彼一人を変えることができただけでも、このオペレッタにとりくんだ値打ちがあるんじゃないか」と考えていたのでした。

さて、このB君については、公開でこんなエピソードがありました。

B君は独唱のとき、高いレくらいの音になると、もう正確な音が出せないといった状態でした。公開の直前、三日間も特訓をするのですが、どうしても音がとれません。公開当日、やむなく和田さんは、その部分のピアノの伴奏はつけないで歌ってもらうことにしました。そうすれば、B君の音程が狂っていることが観ている人たちにわかりにくいだろうと考えたからです。

ところが、驚いたことに、B君は公開の日、無伴奏の独唱を正確な音程で歌ってしまったのです。祈るような思いで指揮をしていた和田さんが、思わず「もう嬉しくなって自分が指揮をしていたのも忘れてしまっていた」と述懐していたように、これは大変なことでした。それまでのB君と教師の努力が、公開という緊張にみちたハレの場で一気に花開いたのだろうと思います。

公開の参会者に観せるためだけならば、子ぎつね役にふさわしい子は他にいくらもいます。たとえばA君のような子を使えば、一般的な意味でははるかに見栄えのするオペレッタができるかもしれません。しかし和田さんがそうしなかったのは、あくまでも教材として、つまり子どもを育て、鍛える材料としてオペレッタを位置づけていたからなのです。B君が公開で初めて正確な独唱ができたという、それ自体はささやかな出来ごとも、だから和田さんや子どもたちにとっては大変に大事な事実であった、ということになります。

ある参会者が公開後、和田さんに次のような感想を送ってきたということですが、これもまた右に述べてきたことをみごとにとらえたものだと思います。

——およそ自分たちがさせても、どこの公開を見せていただいても、主役はまちがいのなさそうなエリート的な子どもがなるのに、「田んぼからかけてきたのじゃないかしら」「短パンよごしてお母さんにしかられるのではないかしら」といったような、どのクラスにもいる、あばれで野性味のある自然の中から生まれてきた、あどけないものをいっぱいもっている子のすばらしい演技に心あたたまり、胸がいっぱいになりました。エリート的な子だったら、まちがいなくやってくれます。（中略）瑞穂三小の教育の原点がそこにある、と心をなごませながら、たとえようもないすばらしい宝物をみせていただきました。本当にありがとうございました。——

公開で主役をみごとにこなしたB君は、それを契機に自信を持ったようで、何事に対しても粘り強くとりくむようになっていきました。算数のまちがい直しのときも、以前は途中で投げ出してしまっていたのが、最後までやりとげようという気力が見られるようになりました。

図工でザリガニの絵を描いたときも、何回も色を塗り直してとうとう画用紙に穴をあけてしまうほどでした。そんなB君の姿を、和田さんは次のように書いています。

――もう一度最初からかきなおしてもってきた。大きな画用紙の中央にポツンと小さなザリガニがかいてある。「これじゃあ、B君、ザリガニが可愛想だよ。みろ、ザリガニだってこんな小さいのはいやだって。もっと強そうなのにしてよと言ってるぞ。」今度は正面から見たザリガニをかいてきた。明らかに友達のを真似してそっくり同じような形だった。線もいい加減なのでもう一度自分のとらえたザリガニをかいてみようと言う。しかし、時間も遅いのでもうやめようかと聞いた。「やっていく」。きっぱりと言った。あのいたずらっぽいB君の目がきりっとしていた。

こうして五時すぎまで教室に一人残って、下絵を仕上げていった。昇降口まで見送りに行ったとき、「暗いけどだいじょうぶか」と聞いたら、「だいじょうぶだよ」というかいわないかのうちに、もう、かけ出して校門を出ていった。「B君、大きくなったなあ」と夕やみに消えていくB君の姿を見ながら、ふと口から言葉がもれた。――

二学期の終わりにクラスで「望年会」というのをやったときも、B君は、女の子だけの劇にただ一人自から混じって演技をしました。この頃になると、級友のB君に対する接し方も、以前にくらべてずっとやわらかくなってきていました。

変わる子どもたち

オペレッタをとおして変わってきたのは、もちろん主役のB君だけではありません。

Cさんは都会の学校からの転校生ですが、転入したころは前の学校が恋しいと日記に書き、学校に来ることもいやがる日が続きました。小さな声でしか話せないので、教師が顔を近づけて耳をそば立てて聞かなければ聞こえません。しかしそのCさんも、やがてオペレッタにとりくむ中で、堂々と、澄んだ響きのある声で語り手をつとめてくれるようになりました。「母さんぎつねは、ぼうやのきつねの帰ってくるのを、今か今かと待っていました」というところです。講堂のステージから後ろの出入口にまではっきりと通る、細いピアノ線を張ったような声でした。

Dさんは、二年生になってもまだひらがなが全部書けないし読めない子で、何か聞かれてもうつむいて口を開かない女の子でした。しかしオペレッタの中で群読の役があてがわれ、歌も歌わなければいけません。やがて、全く聞こえなかった声が、まわりの席の子のあたりまで聞こえるようになってきました。そして二学期の終わりには黒板の前に立って、全員に聞こえる声で二のだんの九九や五のだんをいえるようになりました。特に、オペレッタをやっているときの表情がとても明るく、楽しそうでした。実践記録集の中で和田さんは、彼女が公開後に書いてきた次のような文章を紹介しています。

「〝ひかれひかれ〟のうたがやっとおわりました。あたしのばんでした。『こんばんは』ってゆいました。木をつくりました。かいだんのところで木をつくっている人もいます。はやくおわんないかなと思いました。がんばりました。だけどもおわりませんでした。がんばりました。」

前後を省略してありますが、Dさんの文章には「がんばりました」という言葉が八回も使ってあったそうです。ありったけの力を出してとりくんだオペレッタと同じように、この文章を書いた作文用紙は何回も消したあとで、真っ黒になっていました。

友達に心を寄せる

表現活動は、子どもたちの心身を開き、個を育てるだけではありません。みんなで一つのものを追求しつくりあげていく過程で、相互に交流し学びあい、人間関係を新しく築きなおしていくという営みが、そこにはふくまれています。このこともまた、重要なことなのです。

○れんしゅうのときより、桐生君や川村さんはとてもよかった。とくに、川村さんは、セリフの話し方が早かったのに、おそく話せるようになった。声もよくなった。(男子)

○「かあちゃん、早く行こうよ」というところを、淳也くんは、まちどおしそうに足をガタガタしながらまっていた。そこが、とてもよかった。（女子）
○淳也くんのえんぎは、前よりじょうずになった。ぼくも、淳也くんみたいにじょうずになりたい。（男子）
○かたり手のめぐみちゃん、ぼうしやの田中くんはいつもより声が出ていたし、かんじも出ていた。それに、「ねんねこ……」を歌った目時くんたちの声もとてもきれいだった。わたしは、うっとりしてしまった。また、母親の節子ちゃんは、ことばがはっきりしていて、れんしゅうのときよりもすごくじょうずだと思った。わたしは、かんどうしてしまった。（女子）

これは、二年生のあるクラスの子どもたちが公開の後で書いたものですが、友達に心を寄せ、友達に憧れ、友達の成功をわがことのように喜んでいるようすが、よくわかります。

第四回の公開で舞踊表現〈ジョスランの子守歌〉にとりくんだ四年生担任の森田さんは、この年の四月に転任してきた若い女教師です。初めての表現活動を、子どもたちと苦労しながらつくりあげた森田さんは、公開後の子どもたちの変わりように目をみはりながら、実践記録集で次のように書いています。

——公開が終わってからの子どもたちの姿はみごとに変わり、私は、毎日感動するばかりでした。まず、男子と女子の仲がとてもよくなりました。男子と女子が自然にグループを作り、クリスマス会の練習をしたり、運動や勉強の教えっこをするようになりました。（中略）

この姿は、うたや笛の練習の時、運動や本読み、計算練習の時などいつでも見られ、一人の力でなおらない時は、他の友達も応援に加わりました。そしてたくさんの友達に教えてもらえる子は、友達に好かれている証拠になります。また、そうじの時など、今までいくら注意しても遊んでしまうことが多かったのに、公開後、四ケ所のそうじ場所のどこでも一生懸命にそうじをする子どもたちに変わってしまったのです。（中略）

私には、この子どもたちが生まれ変わったのは、どうしてもこの〈ジョスランの子守歌〉の表現なしには考えられないのです。――

子どもたちは、それぞれの力を精一杯に出しあって、しかも一人ではつくれないものをみんなの力でつくるという体験をとおして、ほんとうの意味での自己認識をし、あるいは友達というものの存在の貴重さを実感していきます。そしてそこから、たてまえやたんなる徳目としてではないほんものの友情や連帯感を、五感に沁みこませるようにして育てていくのです。これは形式的な道徳教育や生活指導によっては決して生み出すことのできないものだろうと、私は思います。

このことに関連して、最後にもう一度内野学級の子どもたちについて触れながら話を閉じることにしましょう。（以下は私たちの研究会の会誌に載った内野さんの記録の紹介です）

六回めの公開で〈かさじぞう〉のオペレッタを発表した四年生の内野学級では、三学期に大事件が起きていました。

オペレッタでおじいさんの役を演じたK君が、突然転校してしまうことになったのです。オペレッタをつくっていく過程で、クラスが一つになり、何をするにもクラスのみんなで進んできただけに、本人も友達もそれぞれにショックを受けていました。けれども、悲しんでばかりいてもどうなるものでもありません。「K君のお別れ会をしよう」ということになり、K君には内緒で計画が進められました。班にわかれて笛の練習をしたり、プレゼントをつくったり、手紙を書いたりしていました。

そんな中で、何人かの子どもたちが、「先生、かんちゃん（K君のこと）と歌うのは最後になるから、〈かさじぞう〉の歌を歌わせてください」といいにきました。公開の時に「もうこれで〈かさじぞう〉をやるのは最後です」といい、内野さんは、その後は子どもたちにせがまれても決してやりませんでした。公開で最高のものを出しきった以上、次は新しい、さらに質の高いものにとりくませてやるのが教師としての務めだと、密かに自分にいいきかせていたからでした。

しかし、「〈かさじぞう〉の歌で送り出したい」という言葉に心を打たれた内野さんは、ついに願いを聞き入れて、もう一度みんなで〈かさじぞう〉の歌を歌うことに賛成したのです。子どもたちは大喜びでした。

このときのお別れ会のようすを、ある女の子は次のように書いていました。

かんちゃんのおわかれ会

四月、私はかんちゃんと、六年生までいっしょだと思った。ある日、とつ然先生が言った。かんちゃんがいってしまうなんて！　私は信じられなかった。家に帰ってお母さんに聞いたら、家がせまいからだそうだ。五時間目、班のふえだった。私たちは「アイネクライネナハトムジーク」をかんちゃんにおくった。さいごにかんちゃんが一人で田園をふいた。

私は、

（これでかんちゃんのふえをきくのはさいごだ。）

と思った。作文の時、真部くんが一番の友達さようなら、とかきました。私は、

（それほどかんちゃんのことを思っているんだ。）

と思った。かさじぞうの歌の時、安藤君がないていた。となりのおくちゃんもないていた。ふぶきのところで私もたまらなくなって、ないた。かんちゃんのことオペレッタのことがまじりあってないいた。さいごの「雪の里」はみんなないていた。みおくるとき、私は、

（あの家がもっと広かったら、ひっこすことなかったんだね。さよなら。）

と思った。

明日からあのつくえはからになる。

4　子どもに創造させる

内から溢れ出る表現

岩波新書に『北京三十五年』という本があります。一九四四年以来たまたま北京に定住することになった山本市朗さんという人が、その後の自分の体験や見聞を一外国人としてのとらわれのない立場で書き綴った興味深い本ですが、その中に次のような挿話が紹介さ

れています。

時は一九四九年一月三一日、国民党軍を追い出した解放軍がいよいよ北京に入城する日のこと。大通りの両側を埋めた群衆は解放軍の入城を今か今かと待ちうけています。たまたま用事で通りかかった著者も、その歴史的瞬間を見届けようと人ごみの中に紛れ込んで待機することになります。さて、そのときそこで何が起こったか――ここから先は本文からの引用でご紹介することにしましょう。

――するとそのうちに、道の両側の見物の人びとの間から、若い女学生たちが三々五々勝手に大通りの真ん中へとび出していって、北京の解放を祝う歌をうたいながら踊りはじめた。はじめは、それぞれの仲間同士の、小さなグループだけで輪を作って踊っていたが、それがだんだんと合流して、踊りの輪が大きくなり、それにまた、見物人の中から、労働者らしい中年の男女たちも加わって、とうとう大通りの幅いっぱいに、厚い大きな輪を作って踊りまわった。

彼女たちは、ほんとうに内心から溢れ出る解放の喜びを、それぞれ各人思い思いの歌と踊りにたくして力いっぱい表現した。そのため、踊りの手ぶりも足も、みな即興的なものであり、あるものは一人で、あるものは三人五人と手をつなぎ合って、その輪の中を、ぶつかり合い、押し合いながら踊りまくった。そして踊りが白熱すると、興奮は興奮をうみ、感激は感激を生んで、何人かの娘たちは、電車道に泣き伏した。解放後三十年間に、私は、ずいぶんたくさん、各種各様の歓迎の集合や踊りを見たが、このときの女学生たちの踊りほど素朴で、そして心を打たれる踊りを見たことはない。それは、彼女たちの解放に対する喜びが、じーんと私の胸に直接に伝わってくる踊りであった。

（一一六頁）――

これは中国が民衆自身の国家として生まれ変わる瞬間の無数のドラマの中の一つなのでしょうが、この出来事のそうした歴史的意味の詮策は別として、私たちの関心に引きつけていえば、ここには歌や踊りといった人間の情動表現というものが、その原初の姿においてどのようなものであるのかということが鮮やかに描き出されているように思われます。人間が歌い、踊り、表現するのは「ほんとうに内心から溢れ出る」感情・感動によってつき動かされるからなのであり、またそのようなときにこそ、たとえ表現の様式は「即興的」かつ「素朴」なものであっても、観るものの心を打ち、「胸に直接に伝わってくる」力を持つのだろうと思うのです。少なくともそれが表現というものの本来的なありようではないか、と思うのです。

このことは、右のような特別な場合に限らず、一般に人間が自分の身体で何事かを表現する場合に常に言いうることでもあるでしょう。

私たちが日常の生活において、歌をくちずさんだり、浮かれて踊ったり、しゃべったり、喧嘩をしたり、溜息をついたりするときには、必ず自分の内部にそういうものを生み出す感情や情動があるわけです。そうしたいわば内的な表現欲求というべきものがまずあって、それが身体的機能をとおして外的に表現される。あたりまえのようですが、このことを確認しておくことは重要なことなのです。なぜならば、私たちが子どもと表現活動にとりくむ際に、往々にして、この点が忘れ去られたり曖昧にされてしまうことがあるからです。子どもたちの内部に表現への欲求を喚起することなしに、外的な動きや型やポーズを要求するという教師が、何と多いことでしょう。そういうものはしかし、ほんとうの意味での表現とはよべないものだし、また子どもを教師のロボットにして自発性や主体性を損なってしまうという意味で、教育的にはむしろ有害なものでさえあります。表現活動にとりくむ教師はなによりもまず、このことをしっかりと胸に刻んで出発しなくてはなりません。

押しつけや型はめでなく

もっとも、表現という営為が往々にして外的な形式優先に陥る傾向があるというのは、何も教育実践の領域に限ったことではなく、演劇やオペラなどにおいてもしばしば指摘されることであります。このことについて、もう少し足を止めて考えておきたいと思います。

映画監督の山田洋次氏が次のように述べていることは、表現というものをめぐってのそうした一般的な状況を示唆する、一つの有力な資料になるように思われます。山田氏は『映画をつくる』（国民文庫）という本の中で、次のように述べています。

——従来、オペラの演出は、演出家がまず楽譜を読んで動きを決める、おどりの振りつけをするように。ここで出てきて、この小節でふりかえって呼びかけて、そのとき相手の女性はこの辺に立っていてと、全部こまかに指定して、その動きをみんな一生懸命おぼえるということが、一般的な、いままでの日本の——もちろん例外もあるでしょうが——やり方だったようです。（一五二頁）——

これは山田氏がたまたまある機会にオペラ「カルメン」の演出をすることになった、そのときのエピソードにつなげて述べられていることですが、これと似たようなことを他でも読んだり聞いたりした記憶があるので、たしかにそういう状況はあるのだと思います。もちろん、山田氏の場合はそうはせずに、「内容から把握する、つまりなにを表現するのかを議論しあうことからはじめる」という方法をとったわけですが、この方法は「とてもめずらしい」こととして集まったメンバーの人々に受けとられた、ということも語られています。山田氏がどういう方法をとったのかを、もう少しくわしく紹介しておきましょう。

——私はまず、出演者にたいして「カルメン」という作品をどう理解しているかを聞き、私の考え方も提出して話し合いました。そのうえで、今度はそれをどのように表現するかをまたみんなで相談しました。具体的に稽古にはいったときも、それぞれの人の考え方で、まず好きなように演じてもらい、その表現のなかで間違った部分、嘘の部分を指摘しながらだんだん正確な表現を獲得するように指導していったわけです。こうした演出は、クラシックの歌手の人たちにとってはめずらしいものとして映ったようです。(一五一頁)——

作品の理解、これは多分「解釈」という言葉に置き換えてもよいのでしょうが、それを演出家、演技者がともどもに出し合って検討する。そこから表現の具体的方法の吟味へと進んでいきます。解釈やイメージが、表現の技術や様式に先行しているという点がまず第一のポイントです。そしてそのうえで、第二に、各演技者におのおののイメージにもとづく自由な演技をしてもらい、それらをより正確な、より洗練されたものに仕上げていくというプロセスがあるわけです。

山田氏のこうした手法は、氏の映画づくりの手法と共通のものなのですが、こうしたやり方が「とてもめずらしい」とされる状況が、少なくとも従来のオペラなどにはある。映画や演劇の場合でも、山田氏が次のように書いているところを見るとやはり似たようなことがあるのでしょう。

——しかし現在は、スタッフが変だなあと思っていても、演出家だけがいや絶対にこうでなければいけないとむりやり押しつけていく、というふうな演出が、個性的でユニークな演出だと思われているふしもあります。観客もびっくりして、へえー、こういうのが新しい演劇か、と感心するしかない。しかし演劇というのは鬼面人を驚かすたぐいの見世物ではない。(一五三頁)——

演出家による、こうした型はめ、押しつけ、そこから生じる形式優先主義は、ともすれば俳優をロボット化し、本来の意味での創造的表現から遠ざけてしまう危険性を持っています。それはまた、当然その背後にある芸術観、すなわち芸術的創造とはいかなるものかということに関する演出家の理解とも密接に結びついているわけです。

かつて、ソビエトの演出家ザハーヴァは、スタニスラフスキー・システムをふまえて書かれた彼の著書『演出の原理』(山田肇訳、未来社)の中で、そうした問題をとりあげ、きびしい批判を展開しています。彼は、演出家が俳優の肉体や精神を演出のための「楽器」として使い、「手中にある人形」として扱おうとする当時の傾向をきびしく批判して、次のように述べています。

——俳優は単に演出家の創造力のための材料であるだけではない。彼は彼自身、創造者なのだ。（二一〇頁）——

——演出家の創造の材料は俳優の創造なのである。俳優の単に肉体とか、或いは様々な情緒を必要に応じて喚起する能力とかだけではなくして、その内心の思想や夢、彼の芸術上の見解や原理、彼の感覚や感情、彼の想像力、彼の人生における社会的及び個人的経験、彼の教育、彼の趣味、彼の気質、彼のユーモアの感覚、すべてが演出家の芸術の材料である。（二二三頁、傍点は原文）——

このようなザハーヴァの見解は、芸術としての演劇における俳優と演出家の関係の原理的な把握にもとづくものですが、私たちが学校教育において表現活動にとりくむに際してもまた、重要な指針となりうるものでしょう。それは二つの意味においてそういえるように思います。

一つは、私たちの表現活動が、いわば「演劇芸術」（ザハーヴァ）の原則に照らして正しい方向のものであるかどうかという意味において。そしてもう一つは、私たちが教育活動の一環として表現活動をとりあげるのは、あくまでも子どもを解放し、その自律性や創造性を育てるためであってその逆ではない、という意味においてです。

後者はとくに重要です。私たちが教育においてめざすものは、子どもの内部にしまい込まれているさまざまな可能性に働きかけ、それらを豊かに引き出すことをとおして、解放され個を持った、美しくしなやかな子どもを育てていくことです。それはどんな教科においても貫ぬかれなくてはならない基本です。だとすれば、表現活動においても（いや、表現活動だからなおのこと）、私たちは一人ひとりの子どもの創造性を豊かに引き出しながら、心身ともにしなやかで、自律的な子どもを育てる努力をしなくてはならないはずです。またそのようなものとして位置づけられ把握されたときにこそ、初めて、表現活動は他の教科をもってしては替え難いすぐれた教育的営為たりうるのだ、と私は考えるのです。

表現活動はなによりもまず、子どもたち自身の創造活動でなければなりません。

表現が創造活動になるとき

表現活動を子どもの創造活動としてとらえるということは、子ども自身が自分の内部に内容やイメージをつくり、それを表現意欲にまで高めていく過程を重視する、ということを意味しています。したがって、演出家としての教師に求められることは、あくまでも子どもたちの中にそうしたイメージや表現意欲を豊かに喚起することであって、型はめや押しつけをすることではありません。このことは自明のことのようですが、しかしそれほど簡単に理解できたり実行できることではないのです。

瑞穂三小での実践においても、私たちはしばしばこの原則を忘れたりおろそかにしたりする誤りをくり返してきました。とくに表現にとりくみ始めた初期の頃にその傾向が強かったように思います。実践記録集の中からそうした具体例を二、三とり出してご紹介しておこうと思います。

第二回の公開のとき初めてオペレッタ〈手ぶくろを買いに〉にとりくんだ佐保田さんは、公開を一カ月後に控えて焦りに焦っていました。一学期に練習してきた別のオペレッタではどうにも子どもが生き生きしてこないというので、急きょ教材を替えて〈手ぶくろを買いに〉に挑戦することになってしまったのです。

子どもたちに台本を与え、歌を覚えさせ、子ぎつねや母ぎつねなどの役を決めるまではなんとかいきました。ところが実際に表現の指導を始めてみると、教師にイメージが湧いてこないため、子どもたちの前で立往生してしまう日が続きます。「昼も夜もオペレッタのことで頭はいっぱい」だったというある日、幸運にも佐保田さんは、たまたま雑誌に載っていた他の人の演出メモを手に入れることができます。そしてそれを参考にし、「使えそうなところは、すべてまねをして」、ともかくもなんとか自分なりの演出メモをつくることができたのでした。

こうしてさっそく子どもの前に立った佐保田さんは、自分の演出メモを忠実に実行させ、翌日の研究者をまじえた〝特別研究会〟に臨みます。ところがこのとき、研究者から返ってきた批評は、予想に反して大変手きびしいものでした。実践記録集では次のように書いてあります。

――一〇月一九日（月）、箱石先生他七名の先生方が来校。〈手ぶくろを買いに〉を見ていただくのは今日が初めてだ。初めてにしては（中略）曲も表現もある程度できている。だから、きっと全部通して見ていただけるだろう。そして、かなりいい評価をいただけるだろうと、心のうちで思っていた。ところが曲4の前で、「ストップ」の声がかかり、「子どもたちは、台本の中味が十分に理解できていない。単なる形だけを追う動きばかりでは、表現とはいえない」と、箱石先生から厳しい御指摘をいただいた。自分なりに精いっぱい考え、自信があって指導してきたものだっただけに、このときの御指摘は私にめまいを起こさせるような、大きな衝撃を与えた。――

こんなふうに佐保田さんは書いています。佐保田さんとしては必死でここまでたどりついたという気持ちが強いので気づかなかったのでしょうが、私たちの目には、子どもたちがいかにもやらされているというふうに見えました。自分たちの頭の中に具体的なイメージがないので表情も乏しいし、まちがえずに教わったとおりにやらなくてはならないという緊張感が、表情や動きを堅くぎこちないものにしています。子どもたちの内面から伝わってくる輝きや躍動感もありません。だから見ていても楽しくないし、飽きてくるのです。

こうした研究者の指摘は、佐保田さんにとっては大変に厳しくつらいものでした。しかし何とか頭を切りかえてもう一度やり直さなくてはなりません。実践記録集はさらに次のように続いています。

——一〇月二一日(水)、公開まであと三週間、焦る気持ちを押し殺し、子どもたちの中にある表現力を引き出す手立てを考え、最初から創り直していくことを、心に誓った。

翌二二日(木)、新たな気持ちで、子どもたちの前に立つ。「今日は曲1の表現だけを考えよう」と声をかけ、私の曲1のイメージをできるだけ詳しく子どもたちに聞かせた。そして、表現をしてみたい子には、みんな表現をさせてみた。しばらく、この方法で指導していくと、だんだん子どもたちの表情が明るくなり、いままでおとなしかった子どもたちにも積極性が表れ、表現も子どもらしい豊かなものが生まれてきた。これは、私にとって全く予期せぬことであった。——

このやり方は、先に紹介した山田洋次氏のオペラの演出と基本的には同じ方向のものです。そして大事なことは、ここで佐保田さんが「この方法で指導していくと、だんだん子どもたちの表情が明るくなり……表現も子どもらしい豊かなものが生まれてきた」と書いている事実です。表現活動を、教師による押しつけや型はめとしてでなく、子どもたち自らの創造活動としてとらえることの重要さが確認できるように思います。

このことは同じ実践記録集で、六年生担任の長島さんが書いている次のような事実によっても裏づけられることです。

長島さんたち三人の六年生担任は〈利根川〉の表現の指導にとりくんだのですが、やはり初めは教師が全部型を決めてそれを子どもたちにやらせた。しかしこれはさっきの佐保田さんのときと同じ理由で全面否定されます。そこで六年の先生たちも頭を切り換え、子どもたちにイメージをつくらせ自らの表現としてつくる方向で指導をしていきました。子どもたちは見違えるように生き生きとして〈利根川〉の世界に入り、自分を表現するようになります。そんなことを書いたあと、続けて、長島さんは次のように書いているのです。

——一〇月二七日の〈利根川〉の表現の手入れのなかで、「そして、今も利根川は速い流れをつくり……」のところで、箱石先生は、

「これはダメですね。イメージが子供の中にありません。子供達が漫然とおどっているだけです。」と、冷たくおっしゃった。思わず、私は塚田先生と顔を見合わせて頭をかいてしまった。この部分は一〇月二七日の手入れに間に合わなくなって、塚田先生と私とで、ここはこうおどって、そしてポーズはこうするなどと子供達に教えこんだ場所なのだ。二人で、それにしても、どうして箱石先生にわかったのだろうと首をひねった。

——

子どもたちが自分たちの内容やイメージを持ち、それを生き生きと表現しているときには、表情や動きに必ずそれがあらわれてくるものです。プロの俳優と違って表現技法の訓練など受けていないからこそ、なお一層顕著にそれがあらわれてくるともいえます。そういうことは、誰でも経験を積めばわかってくることなのでしょうが、この段階では、瑞穂三小の先生たちにそこまでの実践の積み上げがなかったわけでした。

この年、すなわち第二回めの公開の年は、瑞穂三小の教師たちが表現指導の原則という問題に否応なく向きあわなければならなかった年でした。そしてさらに重要なことは、そうした体験をとおして、先生方が、表現指導の原則は、実は私たちがめざす授業の原則とも深くつながっている、ということに次第に気づいていったということだったのです。

この年、三年生でオペレッタ〈かさじぞう〉にとりくんだ吉川さんは、その反省をこめて同じ実践記録集の中で次のように書いています。

——私はオペレッタの指導は、まさに授業そのものであることがわかってきた。その授業が成功した時に、すばらしい表現となるのである。

まず、子どもたちの中にある力を引き出しながら更に高めるためには、十分な教材解釈が必要になる。〈かさじぞう〉の内容についてはもうわかったものとして、大切な教材解釈を当初に素通りしたことが、いろいろのまわり道の原因になった。

つぎに、子どもたちが、この内容についての深い理解をしていかなければならない。町の場面、おじいさんおばあさんの対応の場面等、子どもがしっかりした内容をつかんだ上にこそイメージ豊かな表現ができるからである。

更に、子どもたちのすばらしい表現を、すばやく見つけ、それをみんなのものに拡大していく教師の力量が、何としても必要になってくる。(中略) ふだんの授業の中でもこれと同じことが言えるはずである。子どもたちの発言をどのように高めながら組み立て、主題にせまるかということである。

最後に、このオペレッタをつくることが、子どもたちに、他の人の表現に気を配りながら対応する力、その表現をより高めるために工夫する力、お互いに助けあいながら自分たちのものを作りあげていこうとを協力する心等を培うものであることが、私には十分わかったのである。——

吉川さんはこのように書いているのですが、これは実に重要な指摘だと思います。子どもに内容をつくり、イメージ豊かな表現を引き出し、それらを交流し拡大しつつ、よりすばらしいものをつくっていくという過程、そしてその中で子ども同士の人間関係をつくっていくという過程は、まさに私たちがめざす授業の原則そのものでもあります。そして、そうであるからこそまた、表現活動は授業とあいまって、子どもの精神を豊かに育む教育としての営みとなりうるのだ、と私は考えているのです。

5　教材の質と解釈・イメージ

子どもたちの内部に教材（作品）のイメージが豊かに、はっきりとつくられるとき、彼らの表現意欲は昂まり刺激されて創造的な活動が始まります。演出家としての教師の仕事の基本は、そうした状態に子どもたちを導くことにあるわけですが、そのために何が必要かということを瑞穂三小の教師たちの経験に照らしながら整理してみたい、というのが今回の課題です。

教材の質の高さ

まず第一に、何といっても質の高い教材を与えるということが基本になります。

このことは、いわゆる〝高度な〟教材、むずかしい教材を与えるということとはもちろん違います。そうでなく、〝子どもの美的な感受性や想像力を喚起し、活性化するようなもの〟といえばよいのでしょうか、言葉でいうのはむずかしいのですが、子どもを惹きつけ、それと夢中になってとりくむうちに、子どもたちの持っている美しさが輝くように滲み出てくる、という教材が確かにあるものです。〈利根川〉や〈子どもの四季〉がそうでした。〈手ぶくろを買いに〉〈かさじぞう〉〈子どもの世界だ〉といったオペレッタ、それにケテルビーの〈ペルシャの市場にて〉、スメタナの〈モルダウ〉、グノーの〈アヴェ・マリヤ〉、バッハの〈G線上のアリア〉などもそういう力を備えた作品だったと思います。

とくに〈利根川〉や〈子どもの四季〉は、瑞穂三小の毎年の公開研で高学年が発表することになっていたということもあって、子どもたちの期待と憧れのマトのようになっていました。五年生になれば〈子どもの四季〉ができる、はやく六年生になって〈利根川〉を演じてみたいと、どの子も思っていました。下級生のときから毎年のように上級生の発表に触れ、憧れて、自分たちはそれよりもっとすばらしい表現をつくるのだと、期待に胸を躍らせてそのときがくるのを待ち望んでいるのでした。

第二回めの公開のとき、登校拒否症のようだった子どもが〈子どもの四季〉に触れることで学級に復帰することができた、という話が実践記録集に載っています。

五年生のその女の子は、夏休み明けから二か月間学級には行けずに保健室通いをしていたのですが、公開を目前に控えたある日、講堂から流れてくる〈子どもの四季〉の練習の歌声に誘い出されるようにして、一人保健室の中で歌い、踊り始めるのです。リズムにあわせて保健室の中をスキップしながら楽しそうに歌い、表現する姿は、日頃とは「全く別人のように見えた」と養護の先生は書いています。学級の中にとけ込めず、ほとんど言葉を発することもしなかったその子が、長い歌詞を最後まで、一人で正確に歌えるなどということは、それまでの私たちには考えられないことでした。(岩田タミ子「教育実践における保健室の立場」――箱石泰和・田嶋定雄編『教育の発見と創造』(一莖書房)、に収録)

どうしてそういうことが起こるのか。

それを説明するのはむずかしいことなのでしょうが、私にはやはり、教材の質の高さ、ということが基本にあるように思われます。その教材の芸術作品としての高さとか魅力とか触発力といったようなものがあって、そういうものが人間の感受性に働きかけ、イメージを喚起し、いきいきと魂に訴えかけてくる、ということがあるのではないか。覚えようと努力するのではなく、強制されるわけでもないのに、いつのまにか歌詞も曲も身についてしまうというのは、やはりその作品の持つ本質的な力によるものだ、というふうに考えざるをえません。

もちろん、問題はそれほど単純ではないでしょう。原則的にいうならば、作品の世界に深く入り込んでいく手続きとしての解釈の問題、あるいは子どもの年齢や学年との関連といった問題と切り離して、教材の質の高さという問題を論ずることはできません。

ただそれにしても、他方で、教師がどんなに工夫をしても子どもがなかなか好きになってくれない教材というものもある。教師がどんなに工夫をしても、と言いましたが、それ以前にまず、教師がどうしても魅力を感じることができない教材、好きになれない教材というものもあるわけです。そういうことを考えあわせると、教材それ自体の質の問題というのは、表現活動というものを考えるうえでやはり一つの重要なポイントになるものではないか、と私は考えるのです。

解釈とイメージ

さて、教材の質の高さが重要だということを前提としたうえで、さらに話を前に進めてみたいと思います。

質の高い教材は確かにそれ自体で直接に子どもに働きかけ、いきいきとしたイメージや表現意欲を喚起する力を備えています。けれども、それでは質の高い教材を与えさえすれば、子どもはいつでも、直ちに喜んで表現活動を始めるか、といえばもちろんそんなことはありません。あるとしてもそれは稀なことであって、ふつうはやはりその作品なり教材なりの解釈という作業を経ることが必要になります。より正しくいえば、質の高い教材といえども（あるいは質の高い教材であるからこそ）、それを解釈という追求的・創造的な作業をとおして深く豊かに把握するのでなければ、その世界に入り、それをほんとうに自分のものにすることはできない、ということになるわけです。これは国語や理科など他の教科の授業の場合でも同じでしょう。

質の高い教材は確かに子どもを惹きつけ動かす本質的な力を持っている。しかし一般的にいえば、そうした教材の力というものはあくまで可能性として存在するものであって、それを現実的・具体的に引き出していくためにはどうしても解釈という作業あるいは営みが必要になる。別の言い方をすれば、子どもは（教師も同じですが）解釈という営みをとおして、初めて教材の内容やすばらしさを正確に把握し、その世界へより深く入っていくことができるのです。そしてそうなったときに、いきいきと豊かにイメージを持って教材の世界に浸り、それを味わいたのしみ、表現することができるようになるわけです。

ですから表現活動においては、質の高い教材を与えるということとともに、そのことを前提にして、その教材を教師や子どもが深く、豊かに解釈するということがどうしても必要になってくる。それを抜きにしたり、あるいはそのことに失敗したりすると、子どもは絶対に自ら動き出してはくれません――というより動き出すことができないのです。

瑞穂三小の実践でもそういうことはたくさんありました。第四回めの公開のとき、四年生のクラスで〈ジョスランの子守唄〉の舞踊表現にとりくんだ森田さんも、そうしたことを身にしみて経験した一人ではなかったかと思います。

その年他校から転任してきた若い女教師である森田さんにとって、舞踊表現というものに本格的にとりくむ経験はもちろんそれが初めてのことでした。なかなかうまくいかない学級経営に新しいきっかけを、という意気込みもふくめて九月からとりくんだ表現でしたが、子どもたちはいっこうに動き出してはくれません。「曲をかけると子どもが自分勝手に動きまわり、収拾のつかなくなる日が続き」ます。曲のイメージがつくれず、「いろいろな先生方の話をきいては、思いつきで子どもの位置や動きをきめて踊らせる」といった教師のやり方に、子どもたちはすっかり嫌気がさしていたのでした。

しかし、これは森田さんがあとになって気づいたことですが、子どもたちは曲を初めてきいたとき、実にさまざまな解釈を持ち、イメージをつくっていたのです。たとえば〈森の中で魚とりに夢中になり道に迷ってしまう。木の根元で眠り楽しい夢を見る。また日が昇り、元気で家路につく〉だとか、〈小さな男の子が旅をして疲れて寝てしまう。小鳥のさえずりに起こされまた元気に旅をする。雨が降り、こわい思いをするが、やがて空に虹がかかりお母さんに会える〉といったように。ところが森田さんは、こうして子どもたちが出してくれたものを、自分の解釈にあわないという理由で捨ててしまったのです。そして結局は自分の解釈を押しつけ、それで無理やり子どもたちを動かそうとしていたのでした。

子どもたちの解釈が正しかったとか、森田さんのがまちがっていたとかということが問題なのではありません。そうでなく、問題は、子どもたちが幼いながらも素直に、一生懸命に出している解釈やイメージを、教師がより明確にしたりふくらませたりする方向をとらないで、逆にそれらを無視して自分の解釈を強引に（結果として言えば）押しつけてしまった、という点にあるのです。

子どもたちの解釈の正しさとか豊かさということは、もちろんそれ自体大事な問題です。しかしそれよりもっと大事なのは、たとえ幼く未熟なものであっても、子どもたちが自分の解釈を持ちイメージを持って教材と対面するという、そのことです。子どもたちに自分の解釈やイメージがある限り、彼らはどのようにかしてそれを表現することができる。けれども、それがなければ動きようも表現のしようもありません。だから教師にとって大事なことは第一に、いかにして子どもたちに教材と対面させ、解釈やイメージをつくらせるかということであり、第二に、それらを表現活動のさまざまな段階や過程でどう拡大し、高め、発展させていくか、ということになります。こうした原則的な手順をおろそかにしたところに、森田さんの失敗の少なくとも一つの原因があったのではないか、と私は思うのです。

このあと森田さんは、同僚や研究者の応援を受けて、もう一度子どもと一緒に曲のイメージをつくり直し、公開の直前ぎりぎりになってではありますが、みごとな表現をつくることができました。後日、こうした歩みをふりかえって、森田さんは実践記録集で次のように書いています。

――表現が子どもの創り出す活動になった時に初めて美しい動きになり、子どもたちが変わる。この事実を目の当たりにし、なんて子どもはすばらしいものかとつくづく思いしらされました。

九月から練習してきたことは、教師の考えた動きをただ子どもに押しつけていただけで、それが「お話がない。イメージがない」という箱石先生の指摘になったのだと思います。一一月二日の手入れでは、子どもたちを自由に踊らせ、その中から基本になる動きを子どもたちにつかませました。そのときから子どもたちは曲にのってくるようになり、表現が楽しくなってきたようです。そして五日、八日の練習では自分から動きを考えて、子ども同士で話をつくるように変わってきたのです。子どもたちは九日の手入れを楽しみに待ち、もっと表現をよくしてほしいと願うようにまでなりました。――

子どもの中に解釈やイメージが豊かにつくられるとき、彼らはいきいきと活動を開始し、自ら追求し、創造することを始めます。子どもはいわば創造者になり、そうなることによって演出家としての教師の創造もほんとうの意味で可能になってくる。「演出家の創造の材料は俳優の創造なのである」というザハーヴァの言葉は、こうしてそのまま教師と子どもの関係においても成り立つ、ということができるわけです。

こう考えてくると、表現活動における教材の解釈という問題の重要性があらためて確認されるように思われます。それはたとえば、演劇において、俳優の滝沢修氏が次のように述べていることを見てもあきらかなことだと思うのです。

――脚本全体がほんとうに理解でき、作品の匂いや味わいまでがわかってきたら、ひとりでにうまい工夫は生まれるのです。(『俳優の創造』麦秋社、二五頁)――

教材の単純化、表現の単純化

子どもがいきいきと表現活動にとりくむようになるための基本的な条件として、すぐれた、質の高い教材を与えるということと、それとかかわって、解釈の重要さという問題についで考えてきました。

しかし現実問題として考えてみると、質の高い表現教材というものはそうたくさんあるわけではありません。とくに、瑞穂三小のように学校ぐるみで、毎年実践をつみあげていくというような場合には、すぐれた、新しい教材を確保するのは容易なことでなく、既製のさまざまな教材を使わざるをえないという状況もありました。

そういうとき、教師は自分の判断で教材の一部を変更したり、ある部分を切り捨てて短縮して使ったりすることもしました。これは教材の改作といったようなおおげさなことではなく、むしろ教材の扱い方の問題、利用の仕方の一つの方法というように私たちは考えていました。

第四回めの公開のとき、一年生で〈つるの恩がえし〉のオペレッタにとりくんだ仁藤学級の場合を紹介しておきましょう。

仁藤さんは初めのうち台本に忠実に従って、子どもたちに歌もセリフもやらせていました。しかし仁藤さんの感覚ではどうしても「何かしっくりこないもの」があり、子どもも「乗って」きません。そこで校内研究会の折に先生方に相談してみたところ、教材の問題点として、「教材全体が冗漫である」ということと、「セリフがくどく、あまりにもくり返しが多すぎる」ということを指摘されます。そして思い切って教材を単純化すべきだということになり、次のように大幅に教材をカットすることになりました。

○語り手は、すべて不要。

○セリフも、くり返し部分は不要。
○合唱も同じ曲をくり返す部分は不要。
○最後の場面は、つるが去ってしまった所で終わりにする。

こんなふうにして、再び子どもたちとりくんだのですが、その効果はてきめんでした。仁藤さんは次のように書いています。

――今まで、セリフが多く、語り等で多くの子が使えるぞと思って試みてきたが、覚えるだけで一苦労し、次に誰、次に誰と混乱してしまい、前へ進むこともできず、話の流れもぼやけてしまった。しかし、教材解釈の会で教材を単純化したことにより、今はこの場面、次には何がくると、課題が絞れてきた。また、話の全体の流れもすっきりし、一本の筋がくっきりと浮き出て、子どもに浸透できるようになったと思う。――

「覚えるだけで一苦労し」「混乱し」「話の流れもぼやけて」しまっていたものが、「すっきりし」「一本の筋がくっきりと浮き出て」きた、ということがここでは重要です。教材の単純化によって、子どもの中にはっきりとした解釈やイメージができたからこそ、彼らはオペレッタに、「くい付いて」くるようになり、教師との歯車も「かみ合ってきた」のでしょう。

以上は冗長な教材を単純化し、その質的な凝縮度を高めるという例ですが、教材の単純化ということの中にはこれとは別な場合もふくまれることがあります。つまり、教材の質に問題があるというよりも、その教材にとりくむ子どもの力、あるいはそれを指導する教師の力量のほうに問題がある場合がそれです。教材を手直ししたり省略したりする必要は本来ないのだけれども、あまり台本に忠実に、あるいは欲ばって子どもを動かそうとしすぎると、子どもの力ではこなしきれないという場合があるわけです。

第二回めの公開のとき、一年生と二年生がたまたま同じオペレッタ〈手ぶくろを買いに〉にとりくむことになりました。このとき、当初一年生の先生方は、二年生に見劣りしないオペレッタをつくろうと意気込むあまり、歌もセリフも台本に忠実にやり、動きや踊りも欲ばってたくさん入れるような構成を考えたのでした。ところが子どもたちはさっぱり動き出してくれません。教師があせって型を教え込もうとすると、ますます子どもたちはバラバラになり離れていく、という悪循環が続きます。公開が迫った頃には、指導にあたった氷川さんも「ほとんどオペレッタを投げ出したい気持ちになっていた」という状態でした。

結局氷川さんは、研究者の助言に従って構成を簡略化し、動きや踊りも殆ど無くしてしまうつもりで、もう一度最初からつくり直すことになります。「表現は必要最少限にとどめ」、登場人物は子ぎつねと母ぎつね、それにぼうし屋の三者だけに絞りました。しかしそれでやってみると今度はあまりに簡略にすぎて物足りない、というので、子ぎつねの友達や妖精や子守うたにあわせて踊る子どもなどは残すことにします。結局、延べ人数にして表現の子は三分の一くらいまで減らしました。このほか、さらに曲の一部を削り、群読の場面を無くし、母ぎつねのセリフもできるだけ短かい、簡単なものに変えてしまいます。こうして表現も教材も単純化してやってみると、不思議なことに子どもたちが一変していきいきと動き出し始めた、というのですが、ここから先は氷川さんの記録で見ていただきましょう。

——こうして、新しい〈手ぶくろを買いに〉は出発した。やってみておどろいた。合唱隊がみちがえるようによくなっている。以前よりは、ずっと集中してきた。(中略)表現をぐっと簡略にしたため、いままでともすると後にしりぞいた感のある合唱隊が、いやでも前面へ出てこざるをえなくなった。実際、合唱隊の隊形も、従来のようにステージの左右に分かれるのではなく、正面になったことによって、文字通り合唱隊が主役になったのだ。それまで、歌もまた大事な表現だ、合唱隊が主役だ、と私は何度も子どもたちにいった。しかし実際は(中略)主役は子ぎつねであり、母ぎつねであり、そしてぼうしや屋だった。私たち教師の関心も合唱隊よりは、むしろ、それらの「主役」たちに向けられていた。

しかし、表現を簡略にしたことによって、その立場が一転したのだった。今度はほんとうに合唱隊が主役だった。実際に、歌だけで表現なしの場面もいくつかでてきた。子どもたちは前のようにいいかげんな気持ちでは歌えなくなった。自分たちが中心なんだということがよくわかってきたようだった。合唱がよくなるにつれて、おもしろいもので表現もぐっと生気を帯びてきた。――

歌もセリフも動きも踊りも、というのは子どもたちには無理だったし、教師の指導力もそこまでは及ばなかったということなのでしょう。教材はよいのだけれど、子どもや教師のほうにそれを十二分に生かせるだけの力はない。そういうとき、教材を単純化し、表現も思い切って簡略化してしまうことで子どもも教材も生かす、という方法があるわけです。表現をとり去ることで合唱隊が主役になり、合唱が生きてくることによって動きや踊りなどの表現も「ぐっと生気を帯びてきた」、というところがおもしろいと思います。

このように見てくると、子どもたちが明確なイメージを持ち、いきいきとして表現の世界に入っていくために、教材の単純化あるいは表現の単純化ということが重要な契機になる場合がある、ということがわかります。

シナリオライターのジェームス三木という人が、『創造と表現の世界――テレビ脚本／タレント篇』（大山勝美、二見書房）という本の中で、次のようなことを書いています。

——因数分解によって美しいかたちに単純化されたドラマは、スピードと爆発力を秘めている。（九二頁）——

これはドラマの構成において、「捨てる」ということの大事さを因数分解になぞらえて説いている一節なのですが、構成の段階に限らず、構成されたドラマ（作品）を演出する場面においても参考になる言葉ではないか、と私は思います。

6　演出プランをつくる

これまで五回にわたって、表現活動の意義と、それが教育として成り立つための条件について述べてきました。そのことを念頭におきながら、以下では、実際に表現活動を指導するにあたって留意すべき原則や、具体的な指導方法について考えてみたいと思います。

演出プランの必要性

表現活動の指導に関連して、私はこれまで、〝子どもに創造させる〟とか〝子どもから出たものを拡大する〟といったことの重要性をたびたび強調してきました。しかしこれはもちろん、教師の準備が不必要だとか、教師は子どもが何か出してくれるのをただ待っていればよい、というような意味ではありません。そんなことでおよそ指導などというものが成り立つはずがないのは、何も表現活動に限った話ではないでしょう。子どもの創造性を引き出すにしても、あるいは出てきたものを拡大するにしても、教師の側に豊かなイメージと周到な手だてがなければかなうものでないことは、他の教科の授業の場合と同じです。

ですから、表現活動にとりくむ教師は、それに先だってあらかじめ教材（台本）に書き込みをしたり、演出メモをつくったりして、自分の解釈やイメージを明確なものにしておかねばなりません。またそれとあわせて、動きの構図や舞台の構成等についても、できるだけくわしいプランを立てておく必要があります。そんなものをつくるとかえってそれに規制されて、子どもに押しつけや型はめをする結果を招くのではないかと心配する人があるかもしれません。一生懸命に授業案をつくるとかえってそれにとらわれてしまって、ついつい子どもに押しつける授業になるという苦い経験を重ねてきた教師が、そう考える気持ちはよくわかるような気がします。けれども、それはあくまで授業案や演出プランのつくり方や使い方の問題なのであって、授業案や演出プランをつくること自体がいけないということではもちろんない。この関係をしっかりと頭に入れておいていただきたいと思います。「演出者が動きを指定することは、決して俳優の創意や創造力の芽をつむことにはなりません。俳優の創意と想像力は、むしろ、決められた基本的な動きの線の上で発揮されるのです。」（倉橋健『演出のしかた』晩成書房）という言葉も、そうした意味で理解すべきものだと思います。

流れと構造をつかむ

さて、演出プランをつくるに際して最も基本になるものは何か。それは、なによりもまず作品の全体的な流れと構造をつかむことだ、と私は考えます。

たとえば〈利根川〉を例にとってみましょう。

これは、約六〇行の叙事詩に曲をつけたもので、楽譜にすれば一三ページになる大作です。朗読、合唱、独唱、ハミングが織り混ぜられ、演奏時間はふつう一〇分を越えます。

この、かなり長い作品のクライマックスをいったいどこにおくのか。いろいろな解釈がありうるでしょうが、私の場合は、後半の「春になると野ばらの花が咲き……」で始まる朗読とハミングの部分においています。後半といってもほとんどおしまいに近いところで、何百年何千年の昔に遡る利根川の歴史と、その利根川にかかわる人間のドラマを描いた前半を受けて、現在《いま》なお豊かに美しく流れ続ける利根川の姿を、明るく、華麗に歌いあげる〝利根川讃歌〟ともいうべき部分です。曲もまた、悠久の時を刻んで流れ続ける利根川を象徴するようなゆったりとした深いリズムで始まり、利根川とともに生きた無数の人間のドラマを表現するはげしく起伏に富んだ展開を経て、現在の平和で美しい利根川の自然を叙情豊かに讃えあげる、という構成になっています。この現在の部分を思いきり明るく、軽快に、華やかに仕立てることによって、最後の、未来に向かって永遠に流れ続ける利根川のイメージが準備され、それが曲の終結部へとつながっていく、というようになっています。

以上はあくまでも私なりの解釈をもとにした、〈利根川〉という作品の流れと構造の把握の一例にすぎません。その当否は別として、ここで私が強調したいのは、作品のクライマックスあるいは中心部となるところを核にして、その作品全体の流れや構造を把握することの重要性ということであります。

こう述べてきたところで思い出すのは、スタニスラフスキーが『俳優修業』（山田肇訳、未来社）の中で使用している「パースペクティヴ」という言葉です。一般には「見通し」とか「釣合・配合」といった意味で使われるこの言葉を、彼は「ある戯曲なり、役なりの全体における部分の、計算された、調和のある相互関係と配分」という意味で用い、次のようなことを述べています。

——我々が様々な面を正しく合わせ、構成部分の美しい取合わせをつくり、それらを（中略）調和のとれた、仕上げの行き届いた形式にすることができるのは、戯曲を一つの全体として研究し、その一切を含むパースペクティヴを見極めることができる場合だけだ。（第二部 二六九頁）——

別のところで、彼はまた、「パースペクティヴは、思想を展開するのと、様々な部分の表現全体に対する関係を確立するのとに重要な役割を演ずる」（同二六七頁）とも述べています。ここで「思想」というのは、その作品の主題とかテーマという言葉におきかえてもよいものでしょう。一方で〈利根川〉なら〈利根川〉のテーマというか思想というようなものがある。これは作者が〈利根川〉の詩に託して訴え、表現したかった内的な契機とでもいうべきものです。そういう、作品の芯になるテーマ・思想をしっかりと把握し展開していくことと、他方で作品の各部を常に全体的な流れや構造の中でとらえるということが、相即的におこなわれなければならない。その鍵をにぎるのがパースペクティヴだ、ということであります。

パースペクティヴがないとき、もしくはあいまいなとき、表現は必ず単調で平板なものになってしまいます。

〈子どもの四季〉の場合

〈子どもの四季〉の表現にとりくむとき、よく、春夏秋冬の各場面を順番につくっていく教師がいます。最初は春、春が完成したらその次は夏、というように。また、時間がなかったという理由で、春と夏の場面しかつくっていないのだが、とりあえずそこまでを見て意見を聞かせてほしいという人もいます。

こうしたやり方がまずいのは、それがやはり〈子どもの四季〉という作品全体の流れや構造をつかむ、という原則に反するからです。部分を全体から切りはなして練習したり完成させていくというやり方では、作品全体のテーマや思想をとらえることもできないし、全体の流れや構造の中で各部分を位置づけることもできない。四季おりおりの場面の特徴や前後の関連、あるいは全体の流れの中での部分の対比や変化などというものも、出しようがないわけです。そうしたやり方では、指導する教師にも、実際に表現をつくる子どもたちにも深い解釈やイメージがつくれないし、したがって作品のほんとうのよさや味わいも把握することができません。表現も深みや感動のない、平板なものになってしまいます。

瑞穂三小の第五回めの公開で五年生の〈子どもの四季〉を指導した浜さんの記録を、参考までに紹介しておきましょう。

同学年の三人の教師による連日の教材解釈で検討されたことは、まず「春・夏・秋・冬の四季の変化を鮮明に出すにはどうしたらよいか」ということでした。

しかもその前提として、この作品の基本的なテーマ・思想をどう把握するかという問題もあります。作曲者の近藤幹雄氏によれば、この詩は単なる四季の情景描写ではなく、「そこには、自然に向かって呼びかけ、手を振り、かけ出し、自然とたわむれ、自然につつまれている子どもたちの弾む心と、躍動の姿がうたわれている」とあります。（合唱曲集『子どもの四季』〈一莖書房、六五頁〉。だから、この作品では、なによりもまず子どもの生き生きと活動する姿を鮮明に描きだすこと、歌でも表現でも、子どもたちが生き生きとした顔で表現することを大切にしなければならない、と浜さんたちは考えたのでした。そして、そのうえで、先ほどのように「四季の変化」をどう出すかを考え、次のような解釈・計画を立てたのです。記録から、その部分を引用しておきます。

――春には、長い冬の間、じっと春を待っていた子どもの弾む心がよく出ている。子どもが家の中からとんできたり、道の角からとんできたり……。こうもりと夢中になっている遊んでいる子どもの心は春の喜びにあふれている。夏はその前奏から躍動感に満ちている。歌っている子ども達も、夏の前奏が始まると、知らないうちに体を揺らせている。

その夏から一転して、どこまでも青く澄んだ空を思わせるような格調の高さをもった秋。夏にあんなに元気だった腕白坊主たちも、物思いに耽ける時があったり、静かに秋風の音に聞き入ることもあるのだ。そして冬。外は冷たい木枯しが吹いているが、家の中は暖かなぬくもりがある。ほっぺたを赤くした子どもが遊び疲れて眠っている。やがて、春の足音を聞いた子どもは外へとび出して行く。

一番大きく変わるのは、夏から秋にかけてである。夏を躍動的に大きく盛り上げておいて、サッと秋の静寂に入っていく。ここが一番のポイントになるであろう。合唱も表現も大きく変化をつけていきたい。——

「四季の変化を鮮明に出す」ということは、すでに述べた全体の流れや構造をつかむこととかかわって、解釈・演出上の基本的なポイントになるものです。そのうえで、作品の具体的な内容に即して、春の喜び、夏の躍動、秋の清澄、冬の静謐と温もりが対比的におさえられ、「夏を躍動的に大きく盛り上げておいて、サッと秋の静寂に入っていく」部分が「一番のポイント」としてとり出されているわけです。解釈の異同の問題は別として、これはこれなりに大変明解なわけで、私が参考にしてもらいたいと思うのもそういう点についてであります。

演出プランの実際

右に見てきたような解釈にしたがって、〈子どもの四季〉の演出が実際にどのようにおこなわれたか。解釈・イメージにもとづく具体的な演出は、舞台空間、子どもの数、子どもや教師の力量等の条件によってさまざまに考えられるものだし、またさまざまに工夫すべきものですが、ここで紹介するのは、あくまでも瑞穂三小における第五回めの公開という条件において浜さんたちが考え、つくりあげたものです。

四季それぞれの場面についての記述がありますが、ここでは、先に「一番のポイント」として位置づけられた夏から秋への展開場面を引用しておきましょう。なお、演技は講堂でおこなわれますが、講堂の前方に舞台があり、後方が客席として想定されています。

〈夏〉

全体が躍動感あふれるような動き、構成にする。大勢の人数で、舞台をいっぱいに使う。このことが秋への大切な布石となる。気を配ったことは、足音をさせないこと、同じような動きやポーズにならないようにすることだった。

「ほっほっほたるこい」に入る前に全体が舞台から客席に八の字形に広がるように移動している。「ほたるこい」の前奏にのって、全員がゆっくり後ろ向きになる。ここは様式を取り入れてみた箇所である。夏の夜空に舞うほたるを追いかけるように、一人一人がゆっくりと、内容をもって体の向きを変えていく。わずかな時間のことであり、一見なんでもない動きに見える所だが、イメージがないと雑然としたものになってしまう。「今のはほたるを見ていないよ」とか、「そんなに乱暴にするとほたるが逃げてしまうよ」などと注意しながら何回も練習した。

そのあとの「夏はどこから……」が場面転換に使う所である。ただ移動するだけが目的となると内容がなくなってしまうので、曲のリズムに乗ること、ステップに変化をつけること、動く人数の変化をつけることなどに気をつけた。

〈秋〉

前奏が始まるときには、合唱隊は両端に分かれ、舞台中央が広くあいている。この舞台構成は春と夏にはなかったものである。

広々とした舞台にまず一人、Tさんの美しい姿がフォローで現れる。やや遅れてMさんが同じくフォローで出ると、今度は下のフロアーに六人の女子が左右に分れてフォローで出てくる。ここを大きなやま場とした。

夏を躍動感あふれるものとするために、大勢の子どもが舞台やフロアーをいっぱいに使って、いきいきと敏捷なリズムで動きまわります。「ほたるこい」の場面ではそれが静穏な夏の夕べを象徴するゆったりとした動作に変わり、そのあとの「かみなりさん」の場面では、ここには書いてありませんが、一転してはげしくリズミカルな、おどけた動きが展開されます。

そして秋の場面。合唱隊が両端に退き、舞台中央が広々と開け放たれます。やさしく野面を吹きわたる秋風のような、静かで愁いをふくんだ間奏が終わって「秋はどこから……」の合唱が始まると、舞台下手からフォローで一人の女の子が登場してきます。この場面転換が実に鮮やかでドラマティックなのですが、浜さんたちはここを大きな「やま場」として、〈子どもの四季〉という作品の全体的な流れと構造を組み立てたのでした。

引用した記述は演出プランそのものではありませんが、浜さんたちの演出プランにもとづいて書かれたものです。

演出プランは、ふつう場面を細かく区切って各場面ごとに動きやポーズを文章や図で示します。次のものは、やはり第五回の公開のときに校庭で〈利根川〉にとりくんだ六年担

演出プランの一例（利根川）

朗読・合唱・独唱	構成・ステップ・留意点など
(8) 貧しさや病のために 石をたもとに入れて、利根川の淵に 身を投げて死んだ人もいた（図③）	・独唱は「貧しさ」「病」を大切に。 ハミングの低音・高音の間から手前に歌いながら出てくる。 ・日照りで稲がかれそうになっている。 低音の者は雨ごいのために広場に集まってくる。歩いては立ち止まり、歩いては立ち止まりして集まる。空をうらめしそうに見上げている。 ・高音は、志半ばにして病に倒れた人々の無念さを表現。前の者は立ったまま、後ろの者は地面にねて、ポーズ。
(9) 洪水のために家を流され 屋根の上で助けをもとめながら流されていった人もいた	・病人を表現したグループが、洪水のために流されていく人々を表現する。グループの端から、次々に助けを求めながら、低い姿勢でターンしながら流れに巻き込まれていく。 ・貧しさを表現したグループは、流れに巻き込まれていく人々を助けようと必死に手を伸ばしているポーズ。 ・朗読「流されていった人もいた」で、流されていく人と助けようとする人の間の糸が切れる。

図③

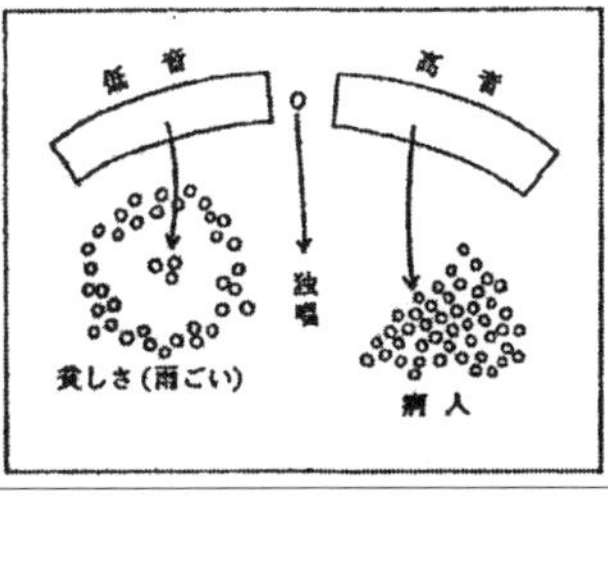

任の塚田さんがつくった演出プランです。参考までにその一部を抜粋してみました。

プランの変更

演出プランは、教師が自分の解釈やイメージを明確にし、ドラマの展開に即して表現を構成していくための基礎資料になります。ですから、倉橋健氏が言うように、「演出者が動きを指定」したり「基本的な動きの線」を考えることは決して悪いことでないばかりか、むしろ必要なことだといわねばなりません。だいいち、演出者である教師の側に自分なりのイメージやプランがあってこそ、子どもが動かなかったり、子どもから違ったものが出されたりしたときに、両者の緊張や葛藤をもとにして新しい次元のものをつくり出すことができるわけでしょう。この点については最初のほうでも述べましたが、もう一度ここで確認しておきたいと思います。

問題は、そのことを前提にしたうえで、プランはあくまでもプランであって絶対的・固定的なものではない、ということであります。大事なのは、プランをもとにして子どもの創造的な活力を引き出したり、よりすぐれた表現をつくることなのであって、状況に無関係にプランを固守することではありません。プランが現実にあわなかったり、現実のほうがプランよりも豊かである場合には、プランは惜しみなく修正されたり捨てられたりしなければならない。プランとは、およそそういうものです。このことを忘れると、プランは子どもを型にはめたり、本来創造的であるべき表現活動からその活力や生命力を奪いとってしまう妨害物へと転化してしまうことになります。

このことにおそらく関連するのでしょうが、山田洋次氏がおもしろいことを書いています。

映画をつくるときに、ふつうコンテというものをつくります。これはシナリオを分解して各場面の区分・内容・台詞などを詳細に記したもので、撮影台本などともよばれます。監督の中には、あらかじめこのコンテを全部決めてワンカットごとに撮影し、できたものを予定どおり順番に並べて映画をつくる人もいるそうです。

ところが山田氏の場合はぜんぜんコンテが立たない。一つのシーンを一〇カットで撮ろうと決めても現場で演技を見ているうちにワンカットで撮ってしまったり、逆にワンカットの予定が一〇カットになったりする。要するに「俳優が現場で実際に動いて芝居をしてみないとコンテが立たない」というわけです。

山田氏は次のようにも書いています。

――けっきょく、私には演出の現場においてコンティニュイテイというものはたいしたことではない、俳優の芝居が主であってコンテは従であり、したがってコンテが多少間違っていてもさほど決定的なことではない、という考えがどこかにあります。コンテだけいくらきちんとできてみても、芝居が悪ければなんにもなりません。(『映画をつくる』国民文庫、一五九頁)――

まったく山田氏のいうとおり「コンテだけいくらきちんとできてみても、芝居が悪ければなんにもな」らない。大事なのは演出プランとしてのコンテではなく、実際の創作活動そのものの価値だからです。このことは私たちの表現活動の指導においてもまったく同様です。

しかしもう一度くり返しますが、だからといって演出プランが不要だとか邪魔だということには決してなりません。プランはやはり必要です。問題はあくまでも、私たちがプランを創造活動のためにどう役立てていくかという点にあるのだ、ということをくれぐれも忘れないでいただきたいと思います。

7 ドラマとしての表現

前回の演出プランについての話を受けて、以下、演出の具体的な方法にかかわる内容へと話をすすめていきたいと思います。が、その際に、あらかじめ私たちのあいだで共通の了解事項として確認しておかねばならぬ一つの前提があります。

表現活動で何を表現するのか

それは、〝表現活動とはその名のとおり何かを表現する活動なのだが、一体何を表現する活動なのか〟ということについての考え方の問題です。

こういうと、そんなことはわかりきったことじゃないか、何を今さらばかばかしい、と思う人があるかもしれません。たとえば、〈利根川〉なら〈利根川〉という作品に描かれているドラマを表現する。それが表現活動の目的であり内容である、とその人は言うかもしれません。それはそのかぎりでまったく正しい、と私も思います。が、しかし表現活動の目的と内容はそれに尽きるものでしょうか。

確かに、作品に描かれた世界あるいはドラマを表現するということは、表現活動の基本です。〈かさじぞう〉とか〈手ぶくろを買いに〉といったオペレッタの台本、〈利根川〉などの総合表現（朗読・合唱・身体表現をふくむ）のための教材、〈ペルシャの市場〉〈G線上のアリア〉等の古典音楽の名曲。それぞれがその作品の固有の世界を持ち、ドラマを内包しています。そういうものを明確にとり出して、音楽的に、あるいは舞踊的・演劇的に形象化するという作業を抜きにして表現活動は成立しません。これは言うまでもないことです。

しかしそれと同時に、忘れてならない重要なことは、私たちの表現活動は、演技者である子ども自身を表現する活動でもある、ということです。オペレッタ、総合表現、舞踊表現その他の作品をもとにして、そこに描かれた世界やドラマを読みとり、構成し、表現する。と同時に、まさにそうした営みをとおして、その営みに参加するすべての子ども自身をも表現する。この場合の表現は、同時に表現すべき自分自身を発見し、創造するというはたらきをふくんでいるのですが、こうしたことが表現活動のもう一つの大事な目的であり内容になるのです。

ある中学三年の女生徒は次のように書いています。

――大勢の人の前で発表することが表現活動ではなく、作品を通して自分の未知の部分、もう一人の自分を見つけ、それを歌や朗読に表すことが表現活動だと思う。表現活動で見つけた自分を大切にし、大勢の人の前で自信を持って最後まで出来たことに自信を持ち、また新しい自分を見つけていこうと思う。――

これは、昨年第三回めの公開研をおこなった青森市戸山中学校の生徒が、三年間の表現活動の体験をふりかえって書いた文章の一節です。表現活動が作品の表現であるとともに、自己を発見し、表現する活動でもあるということを、みごとにとらえた文章だと思います。斎藤喜博が「歌唱や舞踊をふくめて……内容を身体で表現し、表現することによって内容をまたつくり出していく」ための教育内容として表現活動を重視したのもまた、「表現することによって自分をつくり、自分をひらいた人間にしていくことができる」（『教師の仕事と技術』国土社）と考えていたからでした。このことをいま、もう一度確認しておきたいと思います。

このように、表現活動における表現という言葉の中には、その作品の世界・ドラマの表現ということと、演技者としての子ども自身の表現という二つの内容がふくまれています。表現活動は、その作品の内容を豊かに深く表現する活動であるとともに、また、そこに参加する一人ひとりの子どもの内部にある真実や美を引き出し、表現させていく営みでもなければならない。このことを、指導にあたる教師はしっかりと胸に刻んでおく必要があります。

ですから、これからお話する演出の原則やあれこれの方法も、一方で作品の世界をドラマとして表現するための指導原則や方法であると同時に、他方で表現活動に参加する子ども一人ひとりを生かすための原則や方法でもある、と考えていただきたい。そうした二重の観点をはっきりと持つことが、特に教育において表現活動を考える際には重要になると、私は思うのです。

ストーリーとドラマ

さて以上のことを念頭において、いよいよ演出の具体的方法にかかわる内容に入っていきたいと思います。

まず、先に述べた、表現活動とは作品に描かれた世界やドラマを表現する活動である、という点に関して考えてみることから始めましょう。いったい、作品の世界やドラマを表現するとはどういうことなのでしょうか。

私たちが表現活動について検討する際、よく「お話がない」とか「ドラマがない」というような言い方をすることがあります。この場合の「お話」とは、「ストーリー」でなく「ドラマ」に近い意味で使われているのでややこしいのですが、要するに「お話」「ドラマ」に対置されて「ストーリー」という言葉が使われる、と理解しておいてください。たとえば〈手ぶくろを買いに〉というオペレッタを見せてもらうとき、ストーリーとしては確かに台本どおりに展開されているのだが、どうも平板で、ドラマチックではない、作品の内容が生き生きと伝わってこない、というようなことがよくあるわけです。

ストーリーとドラマの違い、ということは演劇や映画の演出においても重要な論点の一つであるようです。いま、内村直也著『ドラマトゥルギー研究』（白水社）を参考にしながら、私なりにこの問題について整理をしてみると、次のようになります。

ストーリーはさまざまな出来事もしくは事件によって構成されます。大小さまざまの出来事、事件の連鎖が、あるまとまりを持って完結したとき、そこにストーリーが生まれる。しかし内村氏によれば、事件は決してドラマと同じでなく、「ドラマの契機」でありかつ「ドラマの結果」であるにすぎない。というのは、事件がドラマになるためには、そこに人の介在という条件が必要になってくるからである。たとえば飛行機の墜落事故は大事件だが、乗客に縁故者を持たぬ人間にとっては、同情の念は湧いても、ドラマと称すべきものは発生しない。「ドラマは事件を契機として発生し、変化するが、問題は事件そのものにあるのではなく、事件を受けとる側の状態如何にある」「すなわち、人物と事件との結合点がドラマを展開させる一番大きな基礎となるもの」なのだ、と内村氏は述べます。

ところで、「人物と事件との結合」という場合、それは事件という現象にかかわって人間がある状況におかれることを意味するのですが、一体どのような状況におかれるということなのか。内村氏はそれを対立という言葉で表現し、その対立こそがドラマを生み出す根源であることを、「ドラマは事件ではなく対立の中から生まれる」「人間と人間との対立、人間と社会、人間と文化、人間と神、その他どんな組合わせにせよ、対立のないところにドラマは発生しない」というふうに書いています。

事件に人間がからむ、ということがまず一つ。第二に、事件がドラマの契機となるのは、それが人間と人間、人間と社会、人間と文化等々の対立を生み出すことによってである、ということ。この二つのことが、ストーリーがドラマとしての奥行きと内容を備え持つための必須の条件になる、というわけです。

以前触れた作品の解釈の問題も、そうした点に深くかかわっているといえるでしょう。解釈とはなによりも作品に描かれた事件と、それにかかわる人間の対立や内面の変化を鮮明にとり出し、イメージとして深めていく作業であるともいえます。そしてそういう作業が不足するとき、先に述べた「ストーリーはあるがドラマがない」と指摘されるような状況が生まれてくるわけです。

このことは表現活動の指導、演出ということを考えるうえで基本的な問題になります。私たちの表現活動がしばしば物語のあらすじをなぞるだけのものになったり、説明的なものになったりするのは、表現というものがストーリーではなくドラマを表現することだという、この認識が不足しているためです。表現とは、作品の説明やたんなるあらすじの紹介ではありません。そうではなくて作品に内包されたドラマを深く掘り出し、それを豊かに形象化する営みなのです。

以上のことに関連して、簡単に二つのことを補足しておきたいと思います。

表現活動にとりくむ際、イメージを持たせるということで、教師は子どもたちといろいろな「お話」をつくります。たとえば瑞穂三小で〈ジョスランの子守歌〉という曲を使って舞踊表現にとりくんだとき、子どもたちは「お話」に従ってそれぞれに春の光とか春の暖かさ、あるいは春の色彩を表現するんだと意気込んでいました。しかし春の光だとか春の暖かさだとか言っても、それだけではどうにも表現のしようがありません。春の光を浴びて心弾ませている子どもとか、春の暖かさに勢いよく伸び育つ草の芽を表現するというのであれば、子どもや草の芽の気持ちになって――つまりイメージをつくって、表現することは可能です。しかし先のような課題のつくり方ではあまりにも即物的すぎて、ドラマの生まれようがない。「お話」のつくり方そのものの中に、表現を説明的なものにしてしまう要素があるということなのだろうと思います。

似たようなことですが、〈子どもの四季〉の春の部分で子どもたちがコウモリと遊ぶ場面があります。あるとき、歌にあわせて三人の女の子がフロアの空間で表現するのを見ていたのですが、どうにも動きにイメージがない。尋ねてみたら「三人姉妹がコウモリと遊んでいる」とのことでした。が、これも三人姉妹というだけではドラマもイメージもつくりようがない、ということになります。

補足の二。先ほど「ストーリーはあるがドラマがない」場合について話題にしましたが、逆に「ストーリーはなくてもドラマがある」という場合も成り立つということ。たとえば総合表現教材の一つ〈利根川〉は、利根川の歴史と利根川と共に生きた人間を主題にした叙事詩ですが、とりたててストーリーというほどのものがあるわけではない。登場人物だの主人公だのといった類の人間も出てきません。そういう意味でストーリーはないといってもよいくらいのものですが、しかしドラマはある。というよりも、利根川という自然を舞台にした人間の営み、その喜怒哀楽の姿が実にドラマチックに描かれている。ドラマ的なる二つの要件に関連させて言えば、利根川という舞台に人間が登場し、しかも両者の対立的〈自然と人間という〉関係のもとで、さまざまな喜怒哀楽が展開される、ということになるわけです。小学校の高学年から大学生に至るまでの幅広い層の子ども・青年が、〈利根川〉にとりくむうちにこの作品に魅了され、その表現に熱中するようになるのは、やはり作品に内在する奥行きの深いドラマ性によるものだろうと思います。

説明的ということ

作品の解釈をとおして子どもたちの中にドラマとしての内容が豊かにつくられるとき、表現への欲求はおのずと生まれてきます。逆にそうでない場合、彼らの表現は必然的に説明的なものになる。これには、表現が全体的に平板な、あらすじの説明のようなものになるということのほかに、個々の動きや身ぶり・しぐさとか、場面場面の構成の仕方が説明的になる、ということもふくまれます。

たとえば、おばあさんというと必ず腰を曲げて杖をつくとか、六地蔵というとどうしても六人でなければならない、といった固着した発想。六地蔵だからおじいさんが笠をかぶせる動作は六回くりかえさなくてはならないというのは、まさに説明的なわけで、そういう次元にいるといつまでもドラマの世界には行きつけないのではないかと思うのです。

子ぎつねと母さんぎつねの会話の場面で、両者がいつもまぢかに向かいあって話をしている、というのもやはり説明的です。二人が互いに向きあうのでなく、正面、つまり観客席のほうに向いて、しかも十分な距離を保った位置で会話をかわす、ということだってあってよいわけです。同様に、離れていても二人が手をつなぐ動作はいくらでも表現できます。こうしたことは、むしろ舞台空間の効果的な使い方という演出の技法にかかわる問題なのでしょうが、その背後には、やはり、表現を説明的なものとしてとらえる発想があるようにも思えるのです。

表現が説明的な次元のものにとどまっているとき、そこには必ずある共通した動きの特徴があらわれます。目的のない動き、無意味な身ぶりや誇張、中途半端であいまいな動作、固い表情、なんとなくテレくさそうなようす、等々。これらはいずれも、子どもたちの中に表現を生み出す内的な必然性がないために生まれてくる現象です。

ついでにいえば、内的必然性の欠如に由来する無目的な動きとか、身ぶりや台詞の誇張といったことは、プロの演劇の場合でもしばしば問題にされてきたことがらです。かつてスタニスラフスキーは、身体による表現について論じた箇所で「演技には身振りのための身振りにすぎぬものは一つもあってはならない。動作は常に目的を持ち、役の内容と関連づけられねばならない」（『俳優修業』第二部、未來社、六六頁）と述べていましたし、若い頃の滝沢修氏は、台詞の誇張ということに関連して友人にあてた手紙で次のように書いています。

——ほんとうにつかんでいなかったからこそ、感慨ぶかげに言わざるを得なかったのだ。（中略）君の心が、直吉の心を浅くさらっただけで、君の肚のなかに、ほんとうに直吉の感慨が熟れきっていないから、せめて、感慨ぶかげにでも言わなければ、自分にも感じる白々しさをごまかしきれないのだ。（中略）心さえほんとうにつかめれば、それがおのずと表現を喚ぶのだ、とさえ僕はいま言い切りたい。（『俳優の創造』一五二～三頁）——

私たちの表現活動においても、たとえば朗読などである箇所に感情を込めるようにと注文を出すと、ほとんどの子どもはボリューム（声量）をあげることでそれを表現しようとします。ちょうど歌唱でｆ（フォルテ）やＰ（ピアノ）を声の強弱によって機械的に表現しようとするのと同じで、きわめて形式的なやり方だと言わねばなりません。たとえ小さな声であっても、内から湧いて溢れるはげしい感情に満たされた声なら、気持ちの昂揚や感動は十分に表現できるはずです。それをボリュームや強弱で表現するのは、滝沢氏の言うように「ほんとうに心をつかめていない」――すなわち、そこに込められた内容や感動を真実自分のものとして把握してはいないからなのでしょう。

ドラマとしての内容を深く把握することから生まれる表現の必然性、ということ。この関係がおろそかにされるとき、表現はいきおい説明的なものにならざるをえない。これはプロの演劇の場合も子どもの表現活動の場合も本質的に同じことだ、といえるでしょう。

「お話をつくる」ということの意味

瑞穂三小の第四回公開に向けて舞踊表現〈ペルシャの市場にて〉にとりくんだ塚田さんは、あるとき研究者に次のようなことを指摘されました。

①ステージの女の子たちは手先だけでやっていて貧相だ。身体全体を使う。視線も大事。
②スキップではもっと膝をあげて小鳥がはずむような躍動感を。もっと子どもらしい、

はつらつとした生命感のあるリズムがほしい。
③立つ動作、静止のポーズなどあいまいでなく明確に。表現も大きくする。
④王女役の子が動きすぎる。しかも同じ動きが続くので退屈。

また、これらの問題点は、全体として子どもたちの表現にお話がないところから生じている、との指摘を受けた塚田さんは、実践記録集で次のように書いています。

――お話がはいっていない。子どもは何に対して、どんな気持ちで、どう呼びかけているのかあいまいだというのである。確かに、それぞれの子どもたちに役をもたせ、物語のすじも子どもたちにはわかっていたのだが、わたしは、何に対して、どんな気持ちで、どう呼びかけているのかの三点を子どもたちにきちんと入れてはいなかったし（中略）この日まで形をつくることばかりに目が向いていたのであった。――

こう考えた塚田さんは、公開研までの二週間、それまでにつくったお話の各場面ごとの内容をさらに精緻にし、ふくらませて、子どもたちのイメージを深める努力を続けます。「当然、表現も変化してきたし、子どもたちも明るくなってきた。子どもたちが自分で動き出していった」と彼は書いています。

舞踊表現の場合はオペレッタのように台本がないわけですから、ふつう、何かお話をつくって子ども同士が曲のイメージを共有し、あるいは定着させて、表現づくりにとりかかることが多い。塚田さんの場合も一応はそうした手立てを講じて表現にとりくんでいたのでしたが、それがなお十分ではないとの指摘を受けて、さらにお話づくりの作業をすすめたというわけです。結果として子どものイメージも深まって、自ら動き出すようになったというのですから、塚田さんの処置はこの場合、非常に効果的であったということになります。

しかしここで一つ私たちが気をつけなければならないことは、お話をつくるということが必ずしも常に曲のイメージを深めることにつながるとは限らない場合もある、ということです。くわしいお話をつくることによって、かえってお話がお話として自立してしまい、その結果むしろ曲のイメージから離れてしまうということもありうる。塚田さんの場合は確かに、「子どもが何に対して、どんな気持ちで、どう呼びかけているか」を明確にすることでイメージを深めることができたのですが、そういう方向での作業が常に有効に働くとは限らないのです。

同じ年の公開に向けてやはり六年生が〈G線上のアリア〉の舞踊表現にとりくんだとき、子どもたちがつくったお話の中に、「森の中でリスやしか、うさぎなどが少女と遊びたわむれている」といったような場面がありました。このとき動物役になった男の子たちはたのしく遊ぶ場面を表現しようとしてスキップやリープターンなどで跳びはねていたのですが、〈G線上のアリア〉の曲とスキップやリープターンではいかにもちぐはぐで不釣合だ、ということが検討会で話題にされたことがありました。この場合はお話が曲から独立してしまった結果、お話が曲のイメージをより深く感受する方向に働くのではなくて、逆に曲から離れる方向に作用してしまった、ということだろうと思います。

大事なことは曲そのものを深く感受すること、言い換えれば曲に内蔵されたドラマを掘り出して身体全体でそれを感受し、味わうことです。「お話をつくる」ことが必要とされまた意味を持つのはそのためであって、それ以外ではない。このことを、ここでもう一度確認しておきたいと思います。

8　明確な構成を生み出すもの

オペレッタのようにストーリーがあるものにせよ、舞踊表現のように決まったストーリーがないものにせよ、一定の舞台空間を使ってドラマを表現するためには意図的な構成が必要になります。一定の舞台空間といいましたが、私たちの場合、それは通常、教室であったり、講堂や体育館であったり、ときには校庭であったりします。広さはさまざまですが、演劇や歌舞伎のホールのようにそのためにつくられた舞台ではなく、単なる空間、あるいはせいぜい簡素なステージがついているだけの単純な空間にすぎません。

そういう単純な空間で、しかも私たちの表現活動ではほとんどの場合小道具も置かず、衣裳もつけなければマイクも使わない。これは、表現とはドラマの表現であるとともに子どもそのものの自己表現でもある、という基本的な考え方に由来するものです。

このように、舞台空間という点でも表現手段という点でも、私たちの表現活動はきわめて制約された条件のもとで展開されます。それだけにまた、演出あるいは表現の構成という教師による意図的な営みの持つ意味も、一層重要なものになってくるといえましょう。

以下、表現の構成にかかわって重要と思われるいくつかの問題について、できるだけ具体的に考えてみたいと思います。

表現が生きるとき

表現というと、ともかく子どもたちを前に出して音楽にあわせて身体を動かしたり、ポーズをつくらせたりするという教師がよく見受けられます。子どもたち全員が一度は舞台の前面に出たり、台詞をいえる機会を持つようにするといった、教師らしい配慮によることもあるでしょう。が、いずれにしても、たくさんの子どもが次々と出てきて漠然と何かをするというようなものが非常に多い。

次に紹介するのはそういうものよりはずっとレベルの高いものですが、やはり構成の明確さとか必然性といった問題にかかわって、私たちの参考になると思われる事例です。

瑞穂三小の第四回目の公開に向けて、二年生担任の隅内さんがオペレッタ〈手ぶくろを買いに〉にとりくんでいたときのことです。四回目ということもあるので、これまでとは違った新しい工夫を盛り込んでみようと、隅内さんは過去の資料を集めて研究し、構成を大幅に変えたりステップをたくさんとり入れたりして、意欲的にとりくんでいました。ところがその結果、どうしても構成がごたごたとしたうるさいものになってしまい、流れもすっきりしないものになってしまいます。教師の意気込みが前面に出すぎて、結果的に盛りだくさんな、欲ばった構成になってしまったのでしょう。

それで他の先生方や研究者もまじえて検討した結果、いっそのこと今回はむしろ「朗読中心のオペレッタ」にしてはどうだろうということになりました。踊りやポーズなどは思いきって全部とってしまい、歌唱や朗読（台詞）の内容で表現の質を高めていこうというわけです。それはそれで過去にはなかった新しいかたちの構成になるということも、言われてみれば確かにそのとおりでした。

そんなわけで隅内さんは、踊りやポーズなどの身体表現をひとまず全部とることにし、台詞と歌だけでもう一度表現をつくり直してみることにしました。ところがおもしろいことに、そうしてやっていくうちに、今度はどうしても表現がほしいと思う箇所が出てくるというのです。で、そういう箇所に少しずつ表現を入れていったところ、今までとは違った大変よい構成が自然にできあがってしまった、というのでした。実践記録集で隅内さんは次のように書いています。

——朗読と歌のみで実際にやってみると、どうしても表現がほしいというところもでてくる。子もり歌（曲8）の場面やぼうし屋がお金をもらったところ（曲6）、子ぎつねが手ぶくろをもらったところ（曲7）などである。ここのところは人数をしぼって表現するようにした。表現を全部なくしてから必要と感じるところに表現を入れてみると、のべつまくなしに表現するのとは違って表現が生きてくるのである。新しい発見であった。また、それにともなって子どもの表情や歌がよくなってくる。（中略）表現を切り、せりふを少しにしたことが、ここまで子どもを高めたことに驚きを感じた。——

隅内さんがここで書いていることは、以前とりあげた〝教材や表現の単純化〟（「5 教材の質と解釈・イメージ」）という問題ともつながっています。が、それはさておいて、「表現を全部なくしてから必要と感じるところに表現を入れてみると、のべつまくなしに表現するのとは違って表現が生きてくる」というところに私は注目したいと思います。隅内さんがそれを「新しい発見であった」と書いているように、一般的にいえば教師はなかなかこういう発想ができない。表現というのはともかく子どもに何かをやらせることだ、という強固な先入観のようなものがあって、それこそ「のべつまくなしに」子どもを動かそうとしてしまう傾向が強いのです。

そうでなくとも、演出プランをつくる段階ではどうしても観念的なイメージの操作になるので、欲ばった盛りだくさんな構成になりがちです。また、教師がこうしたいという願望が先に立って、子どもの能力や意欲とかみあわないということもある。それをせっかくつくったプランだから、というので無理におしとおそうとすると、やはり構成もうるさくなるし子どもたちも重くなってしまうということになるわけです。

構成における三つの必然性

構成がごたごたしてうるさいということは、言葉を換えて言えば、構成に必然性がないということです。必然性とは何か。

それは第一に、作品の核とか、構造といったものに根拠をおいています。たとえば隅内さんが先に引用した記録であげている子もり歌の場面やぼうし屋の場面などは、いずれもこの作品の核になる部分です。もちろんそれ以外の場面に表現を入れてはならないということにはなりませんが、大事なことは、そういう核になる箇所を作品全体の流れや構造とともに明確に把握したうえで、全体をとおしての表現の入れ方を考えるということなのです。これは以前とりあげたパースペクティヴの問題（「6　演出プランをつくる」）とつながっています。こうした意味での必然性を、仮りに〝内容に即した必然性〟とよんでおきます。

第二に、構成における必然性は、いわゆる展開の感覚とかリズム感のようなものとも密接に結びついています。同じようなことを漫然とくり返すのではなく、流れの中にメリハリや変化をつける。あるいはそういうメリハリや変化をつけることで、逆に自然で合理的な流れをつくり出していくといってもよい。いずれにしても、そうした感覚や能力が演出家としての教師には必要になるのですが、そういうものによってつくられる必然性のことを、いま〝流れに即した必然性〟と言いあらわしておきましょう。

〝内容に即した必然性〟と〝流れに即した必然性〟は厳密にいえばまったく無関係なものではありません。それは、作品の内容あるいは構造の中に、ある種の展開のリズムというべきものが含まれている、ということを考えればすぐにわかることです。

ところで、構成の必然性ということにかかわって、もう一つ大事なことがあります。

それは、隅内さんが記録の中で、必要と感じて表現を入れる場合も「人数をしぼって」入れるようにしたと書いてある部分です。「人数をしぼって」ということは、その場面に登場する子どもの役割や配置の必然性を考えて、ということでもありますが、これもまた構成における一つの重要な留意点になるものといえます。

演出家の倉橋健氏は、舞台における動きの構図ということに触れた説明の中で、次のようなことを述べています。

――動きの構図とは、舞台の空間における登場人物の合理的、美的な配置をいいます。合理的であるからには、それは必然性をもった、理由のあるものでなければなりません。

(『演出のしかた』晩成書房、一一一頁)――

ここでいう、舞台空間における「必然性をもった、理由のある」登場人物の配置、ということをいま仮りに〝空間配置の必然性〟と名づけておきたいと思います。構成における必然性ということの中にはこうしたものも含まれるわけです。

以上、表現の構成における必然性ということについて、①内容に即した必然性、②流れに即した必然性、③空間配置の必然性という三つの観点で整理してみました。表現の構成がこれらの必然性を欠いておこなわれるとき、それは必ずごたごたしてうるさい、退屈なものになってしまいます。だから演出家としての教師には、どうしてもそれらの必然性をふまえた構成の能力が必要になる。そうでなければ表現活動においてほんとうに子どもたちを生かし、満足させてやることもできないということになります。

焦点の明確化とその変化

とは言え、私たちの表現活動がとかくごたごたしたうるさい構成になりがちなのは、それなりの事情があってのことでもあります。

たとえばすでに触れたように、教師ができるだけ多くの子どもに動きや台詞の機会を与えようと配慮することなども、その一つでしょう。またオペレッタの場合、きつねやぼうし屋さんなどのいわゆる〝登場人物〟のほかに、森の樹々や雪の精なども小道具や舞台装置を使わず子どもたち自身で表現する、ということもあります。さらに舞踊表現になると、曲の流れにあわせて大勢の子どもたちが次々と動きやポーズや位置を変化させていかなくてはならない。そんなわけで、すっきりとした明快な表現をつくるということは、実際にはなかなか大変なことではあるのです。

しかしたとえそうであるにしても、表現の構成がごたごたした不明確なものであってはやはり観る人に内容も伝わらないし、子ども一人ひとりを鮮明に生かすということもできない。表現において、明確さということは何といっても基本になります。そこで以下、表現の明確さということについてもう少し考えを整理しておくことにしたいと思います。

表現の明確さをつくり出すためにまず第一に必要なことは、舞台空間における焦点をはっきりと決めることだ、と私は考えています。ちょうど画家が画面の構成を考える際にまず中心に置くものを決めるのと同じように、演出者はその場面の中心になるものをはっきりと決め、そこを焦点にして他の要素の配置を考えるということです。別の言い方をすれば、一つの焦点を決めたならばそれ以外のものはできるだけ単純化し、背景として中心を引き立てるようにする。そうすることによって、むしろ背景も含めた全体を生かすというようにするわけです。

一般論ではわかりにくいので、具体的な事例に即して説明しましょう。瑞穂三小で塚田さんがとりくんだ舞踊表現〈ペルシアの市場にて〉(四年生)の場合をとりあげてみます。

前回にもちょっと紹介したように、塚田さんはこのとりくみにあたってまず子どもたちに曲をきかせ、曲のイメージにあわせた一〇の場面からなる「お話」をつくりました。たとえば次のように、です。

①二つのキャラバン隊が町に近づいてくる。町が見える丘で酒盛り。互いの旅の無事を祝い合う。

②町の人の歓迎。キャラバン隊員と町の娘とのおどり。

③王女が夕焼けにさそわれて城から町に出る。王女をさがしに出た侍女たち、オアシスの上をわたる風にふかれる。……

こんなふうにして一〇場面の話をつくり、それをまた修正したり変更したりしながら舞踊で表現を構成していったのでした。

練習の途中で私がそれを見せてもらったとき、①の場面は次のようになっていました。

――曲の最初を少しきいてから入場。ある者は織物を、ある二人は象牙を運び入れる。

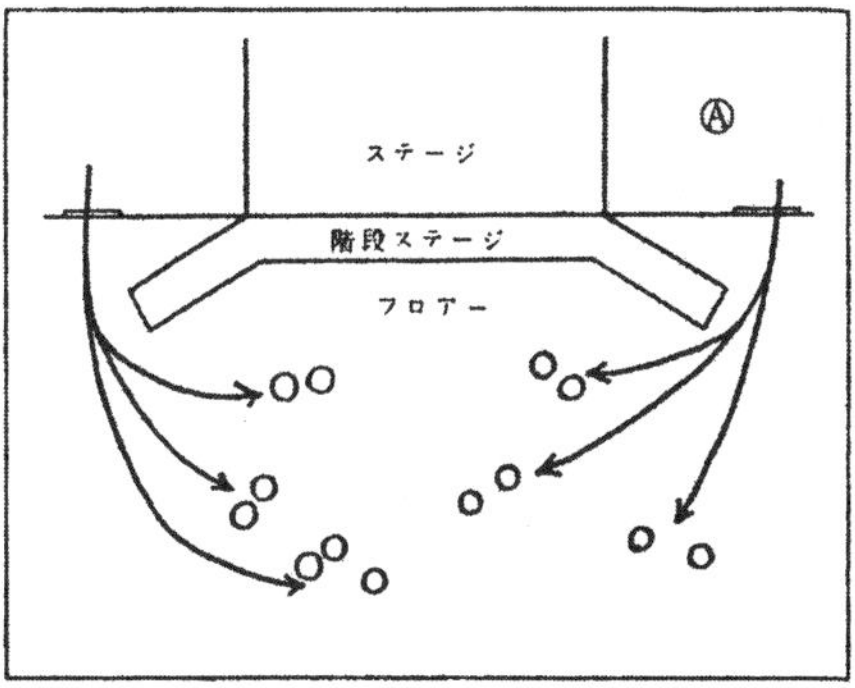

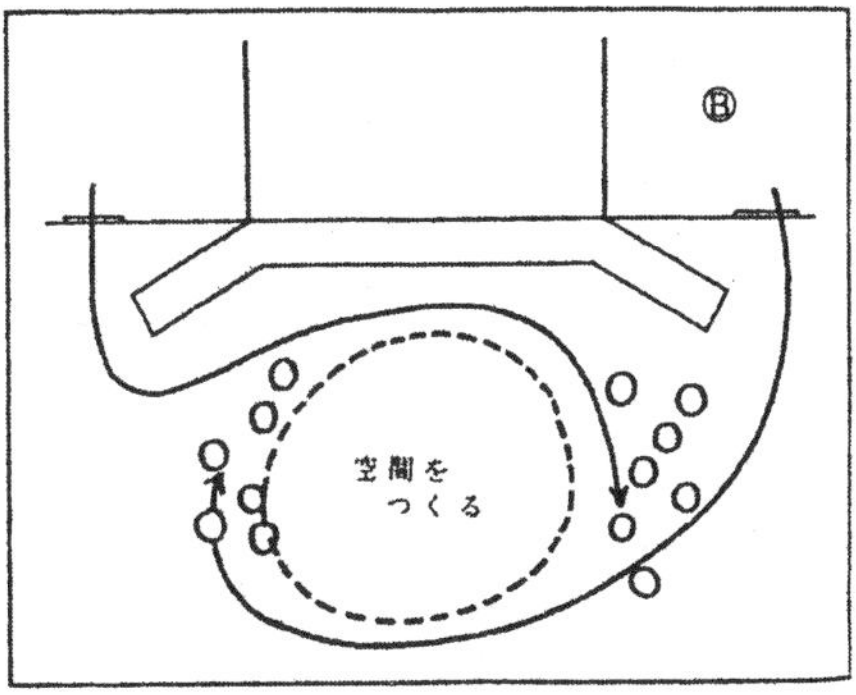

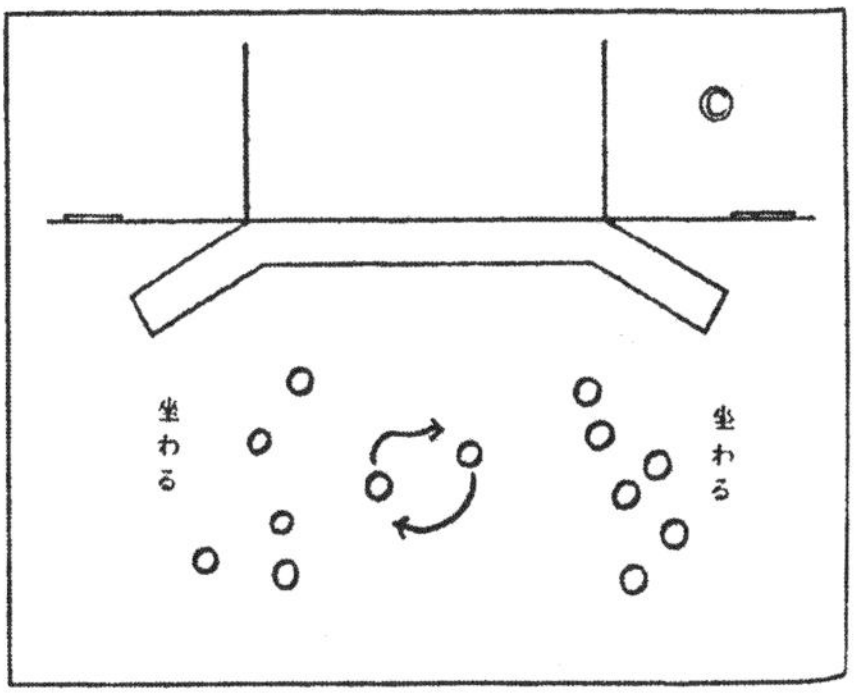

到着したキャラバンは荷をとく。体をやすめている者、酒盛りをしている者、話をしている者、大きく動作する。酒盛りの中から数人が立ち上がっておどり出す。――

見ていると、左右の入口からステップで入場した子どもたちはフロアー中央で合流し、あちこちでてんでに荷とき、談笑、酒盛り等の表現を始めます（図Ⓐ）。だからフロアー全体が雑然としてしまって、観客には何がどうなっているのかまったくわからないという状況になっていました。そこで、私がしたことは次の二つのことでした。

一つは入場の場面です。ここでは左側から入ってくる列はフロアーの奥を通って右側へ出、右側のキャラバンは手前を通って左側に位置する、というようにしてもらいました。左右の隊が雑然とまぜこぜになるのでなく、中央に十分な空間をつくって位置をとる。空間を生かして、とりあえず子どもたちを左右のブロックにわけて配置することで、まず全体をすっきりさせます。そのうえで二つのブロックのどちらかを主にして、つまりどちらかに焦点をあてて、両者の関係をつくっていこうと考えたのでした（図Ⓑ）。

もう一つは酒盛りの場面。ここも一斉に立ち上がって踊り出すのでなく、一人が踊り出したあと少し間をとって、その踊りに誘われるようにしてもう一人が踊り出すというようにする。他の者は座ったままで手拍子や身体の動きで一緒にたのしむ。このときまわりで荷ときをしたり談笑していた者もそのしぐさをやめて踊りを囲む座の一員になる。そうすることで踊っている二人の子に焦点があてられ、他はそれをひき立てる背景になります。この場合は、動と静の対比のほかに高低の変化を使って焦点を明確にしようとしているわけです（図Ⓒ）。

③の場面では、初め王女と王女につかえる侍女たちが一度にステージに出てくることになっていたのを、王女が登場して少し経ってから三人の侍女たちが出てくる、というように時間をずらしてもらいました。時間をずらすということは、時間的な間あいをとるとともに十分な空間を確保することをも意味します。また王女が踊っているときは侍女は低い姿勢のポーズで静止するか、小さな動きで背景になり、侍女が動き始めると反対に王女が静止する。あるいは侍女が踊り出す場合も三人が一度に立ち上がるのではなく、真ん中の一人が立ち上がると右の一人がそれに続くというように必ず時間的な間あいをとる。そうすることによって常に焦点を明確にするとともに、一人ひとりの子どもの存在を明確にし、生かすのです。

およそこんなふうに手直しをしてみたのですが、そのことについて塚田さんは実践記録集で次のような感想を書いています。

――限られた時間の中で、①と③の場面を通して、単純化と焦点を明確にすること、そのために高低の変化、密と疎の変化を考えることを教えてくださった。場面の中で焦点がどこにあるのかはっきりわかると同時に、焦点がいつも同じところにあるのではなく、③の場面では、王女を中心にしながらも、あるときは王女につかえる一人の娘に、あるときは町の人に、そしてまた王女へと変化して場面を盛り上げていくことを教えていただいた。——

「密と疎の変化」というのは、ここでは、登場人物の配置が散慢で雑然としたものにならぬよう空間をうまく使うということです。また「高低の変化」ということの中には、姿勢《ポーズ》の変化のほかに、ステージとフロアーという舞台空間そのものの高低の利用も含まれています。これらのいわば〝空間的な間あい〟と、時間をずらせて登場したり動作を開始したりする〝時間的な間あい〟とをうまく組みあわせることによって、場面構成における焦点の明確化ということが可能になってくる。そしてこの焦点は、塚田さんも書いているように、ドラマの進行に従って絶えず変化し移行していくのでなければなりません。

この、焦点の変化・移行ということは、焦点の明確化ということとあわせて、やはり構成上の重要な原則の一つとなるものです。焦点はどんな場面でも常に明確でなくてはならないが、決して固定したものであってはならない。というより、焦点が時間の流れとともに次々と、しかもはっきりと変化し移行していく過程が、とりもなおさずドラマの展開の過程になるのです。

この点にかかわって、俳優であり演出家でもある東野英治郎氏の次の言葉は、私たちにとっても貴重な示唆を与えてくれるものであるように思われます。

——表現というものは、どんな場合でも明快でないといけない。展開してゆく場合の転換、つまり切り換えはカミソリで切ったようにハッキリしていないといけない。（中略）同じようなことを何度も繰りかえしていたのでは表現というものは死んでしまう。変化して動いていなければならないものである。（『私の俳優修業』、未来社、四〇～四一頁）——

焦点の明確化とその変化・移行ということは、表現の構成におけるまず第一の、基本的な原則になるものだといってよいように私は考えています。

9　バランスと変化

表現活動の構成・演出ということにかかわって、前回は焦点の明確化という問題をとりあげました。今回はそのことを基本におきながら、さらに、表現をドラマチックで美的なものにするためのバランスと変化という問題について考えてみたいと思います。
この問題は、空間的な次元と時間的な次元という二つのレベルで考えてみる必要があるように思われます。

空間におけるバランスと変化

このことを考えるにあたって、まず前回にも引用した演出家の倉橋健氏の言葉をもう一度引いておきましょう。倉橋氏は、舞台における《動きの構図》ということについて触れた説明の中で、次のように書いています。

――動きの構図とは、舞台の空間における登場人物の合理的、美的な配置をいいます。合理的であるからには、それは必然性をもった、理由のあるものでなければなりません。また、美的であるからには、バランスのとれた、しかも変化のあるものでなければなりません。(『演出のしかた』晩成書房、一一一頁)――

ここでは、舞台空間の効果的な使い方ということにかかわって二つのことがあげられています。
第一は、合理的であるということ。これは必然性をもった、理由のあるもの、という言葉によっても置き換えられています。

第二は、美的であるということ。ここで、バランスと変化ということが問題にされているわけです。

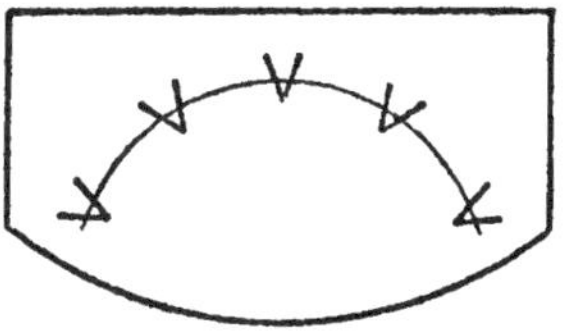

①図

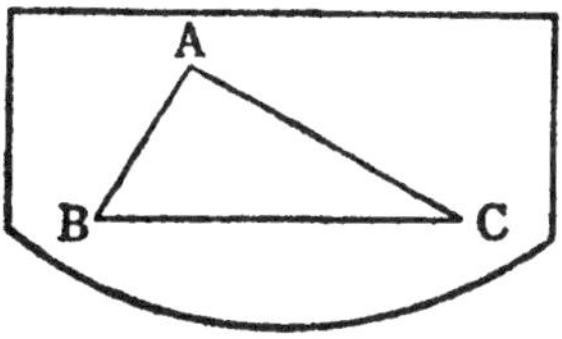

②図

第一の点についてはすでに前回にも触れましたので、さっそく第二の「美的であるということ――バランスと変化」という問題について、倉橋氏の所説を参考にしながらもう少し突っ込んで考えてみることにしましょう。

まず、バランスについて。

歌舞伎でも、外国の演劇の場合でも、昔から守られている人物配置についての原則ともいうべきものがある、と倉橋氏はいいます。それは「登場人物が一人の場合は、舞台の中央に位置を占め、二人の場合は、舞台の中心をはさんで数メートルずつ隔たった場所に斜めに相対し、三人の場合は、一人は中央に二人はそれぞれ両側に距離をとって三角形を描く」という考えかたであり、総合すると「人物は半円形を基本として観客に面して立たなければならない」と言いあらわすことができるような原則です。図示すると〈①図〉のようになります。

このバランスの原則にさらに焦点の明確化、すなわち《強調》という原則をつけ加えるとどうなるか。

　絵でも写真でも、中心になるものがない構図、強調すべきものが十分に表現されていない構図は訴える力が弱くなる。演劇の場合でも「一般的にいって、舞台の中央の奥が位置としてはいちばん強い位置です。もしそのピース（場面とか局面の意——引用者註）では、Aが、観客の関心を集めなければならない重要な人物だとすると、Aは原則として三角形の頂点にあたる位置を占め、BCはそれぞれ三角形の足にあたる場所に位置します」（同書一一五頁）と、倉橋氏は述べています。〈②図〉
　①舞台空間に均衡と調和をつくりだすためのバランスと、②強調点を明確にするための焦点化という二つの原則が、《三角形の人物配置》という舞台構成の基本原理として定式化されていることがわかります。
　もっとも、これはあくまでも一般的な原理であって、これを機械的に適用することで舞台構成の問題がすべて解決する、などということにならないのはいうまでもありません。演劇の場合にはふつう建物とか樹木とか家具などの舞台装置や道具を使うわけですから、そういうものとの関係で、一般的な原理はさまざまに修正あるいは変更されることになるわけです。

　さらにいえば、《三角形の人物配置》というときの《三角形》の作り方自体にも、実は多様なバリェイションがあります。おなじ三角形のくり返しでは単調になり、観客も飽きてしまうからです。

この三角形の変化、バリェイションということについて、再度倉橋氏の見解を参考にさせていただこうと思います。倉橋氏は「変化」のつけかたの原則として、次のようなものをあげています。

1　三角形の大きさを変える。

2　三角形の頂点の角度や辺の長さを変える。二等辺三角形は、特別の場合のほかはなるべく避ける。

3　装置や道具との関係を利用することにより、中心になる頂点を舞台の中央や奥ばかりではなく、舞台前方や下手、上手にうつすこともできる。

4　三角形の足に三人以上の人物が並ぶときは、その辺の線を直線でなく、くずして変化をつける。

5　三角形の足の上に位置する人物の間隔に変化をもたせる。

6　すわらせたり、腰をかけさせたり、ひざまつかせたり、立たせたりすることによって、頭の高さに変化をつける。

少しおおざっぱな言い方をすれば、このうち、1、2、4、5は私たちの言葉でいう

「疎密の変化」に関連し、6は「高低の変化」にあたる、と考えてよいでしょう。疎密は二次元的な平面空間における変化ですが、これに高低の変化を加味することで、さらに奥行きのある立体的な空間構成の変化をつくりだすことが可能になってくるわけです。

疎密と高低

疎密の変化と高低の変化ということを、表現活動の演出につなげてもう少し具体的にみておきましょう。

オペレッタ〈子どもの世界だ〉の冒頭に、秋のあたたかい日に林の中を散歩する太郎少年と木々たちとの会話の場面があります。たいてい、フロアーいっぱいに子どもたちが樹木のポーズをとって立ち並び、そのなかを縫うようにして太郎少年が歩いていくというような演出をするわけですが、このときの木々の配置が散漫で雑然としていることが非常に多い。林のイメージをリアルに表現すればそういうことになるのかもしれませんが、しかしそれでは肝心な太郎少年さえも林のなかに埋没してしまい、焦点もはっきりしなくなってしまいます。こういうとき、

①まず樹々の子どもたちを数グループに分けてかため、そのあいだにできるだけ間隔をとるようにすると、それだけでも空間全体がすっきりしたものになってきます。

②この場合、いくつのグループをつくるかは、空間の広さと子どもの数によって判断します。
③また一グループの人数もおなじではなく、大小の変化をつけるとよいでしょう。
④そのうえで、グループの配置は先ほどの三角形の原理にしたがって、バランスよく調和のとれたものになるように配慮します。
ここまでが疎密の変化に該当する部分です。これにさらに次のような高低の変化をつけ加えると、舞台空間の構成はより一層立体的で美的なものになっていきます。
⑤それぞれのグループを構成する子どもたちの中で高低の変化をつける。大きく手を広げて立つ子、中腰で表現する子、立てひざをついたり小さくうずくまる子など。
⑥ステージがある場合は、ステージとフロアの段差を利用してグループ間に高低の変化をつける。
以上述べてきたようなことは、演劇やオペラなどではごくふつうにおこなわれていることがらです。とくに群衆場面などでは、演出家がどんなに細かい神経を使って空間のバランスと変化をつくり出そうとしているか、機会があったらぜひとも注意深く観察していただきたいと思います。

もう一つ、これらのことがらは単に空間の効果的な使い方という技法上の問題にとどまるものでなく、一人ひとりの登場人物に必然性を持たせ、その全体を生かすという意味でも重要なものです。このことは前にも述べましたが、私たちの表現活動があくまでも教育活動の一環としておこなわれるということに関連して、忘れてはならないことだろうと思います。

流れの変化

これまで述べてきた空間的な変化とともに、もう一つ表現活動の演出において重要な役割を担っているのが、時間的な流れに即した変化の問題です。これは、演劇論の中ではふつう、間、テンポ、リズムなどの問題として論じられることが多いようです。たとえばスタニスラフスキーは『俳優修業』の中で、「運動のテンポ・リズム」「物言いのテンポ・リズム」といった章を設けてこうした問題をくわしく論じています。

スタニスラフスキーの場合、テンポとリズムは常に〈テンポ・リズム〉というぐあいにひとまとめにして論じられているのですが、異なった二つの概念をひとまとめにして扱っているせいか、私などには少々難解に感じられるところもあります。一般的に言ってもテンポはともかく、リズムの語は多義的に使われることが多い。そこで、ここではあえてそうした用語を避けて、ごく簡便に「緩急」とか「動と静」といった言葉を使うことにしたいと思います。

最初に緩急の変化についてですが、まず、先ほどもちょっと触れたオペレッタ〈子どもの世界だ〉を例にとって考えてみることから始めましょう。

これも冒頭の部分になりますが、林の中を散歩しながら木々に話しかける太郎少年に対して、木々が擬音でこたえる場面があります。台本では次のようになっています。

〈木々擬音〉

（木々、次の擬音を四班にわかれて順に言い、ついで全員でもう一回言う）

ギギギギ
ガガガガ

リラリラ
ラララララ

ギギギギ
ガガガガ

リラリラ
ラララ
（くりかえす）

この部分は、このオペレッタの難所の一つです。単純な擬音のくり返しが続くだけに、ともすれば平板になり単調になってしまうからです。そのうえこんなところを気まじめにやられたりすると、もう退屈でどうしようもない、ということになってしまう。

こういうところこそ、思い切り自由な変化をつけて、むしろおおいにたのしまなくてはならないところでしょう。そんなとき、緩急の変化ということが大事な意味を持ってくるのです。一連をゆったりしたテンポで言ったら、次のグループは二連を速いテンポで、というように。それだけでなく、一連だけをとっても最初の「ギギギギ」と次の「ガガガ」とのあいだに変化をつけることができるし、「ギギギギ」だけでもさまざまなバリエイションで表現することが可能なはずです。

以上は、緩急の変化ということをもっぱらテンポの変化として述べたわけですが、しかし実際の表現では、テンポの問題がそれだけで独立して、いわば機械的な速度の変化の問題として存在するわけではない。台詞の内容にともなうイメージの変化や感情の起伏といったようなものが、テンポの変化とともに言葉の調子や抑揚としてもあらわれてくる、ということがあるからです。「ギギギギ」とか「ガガガガ」とかいう場合でも、たのしく明るい気持ちで言っているのか、無愛想に言っているのか、それとも怒って言っているのかということによって、実に多様な表現のしかたが考えられる。私が緩急の変化とよぶことの中には、単純なテンポの問題だけではなく、そういう言葉の調子や抑揚といったようなものも含まれていると考えていただきたいと思います。スタニスラフスキーが「テンポ・リズムと感情との間には、そして逆に感情とテンポ・リズムとの間には、解き放し得ない相互依存、相互作用、結束が存在する」(『俳優修業』第二部　未来社、三七一頁)と書いているのも、もしかしたら同じような意味なのかもしれません。

部分の緩急と全体の緩急

〈子どもの世界だ〉の擬音の場合は、オペレッタのある部分に関して緩急の変化をつけるという問題でした。

この場合は表現が単調になりがちなところに、そうならぬように変化をつけるということだったのですが、それとは別に、表現をより豊かな深いものにするためにある部分に意識的に変化をつける、という場合もあります。その一例を〈利根川〉からあげてみましょう。

〈利根川〉の最初の合唱からハミングへと続く部分は、遠い昔から利根川とともに生きてきた人々の喜怒哀楽に満ちた生活の歴史がドラマチックに描き出されている部分です。詞は次のようになっています。

人間は遠い先祖から
自分たちの悲しみや喜びを利根川に語りかけて生きてきた
自分の美しい顔を、水にうつしてよろこんでいた娘がいた
自分のみにくい顔を、水にうつして悲しんでいた娘がいた
人と生き別れ死にわかれたかなしみを
利根川のはたに立って、嘆いたりいやしたりした人もいた

この部分の「自分たちの悲しみや……」からは美しいハミングが入り、そのハミングを背景にして朗読が続けられます。この場面で、私は合唱隊に対して次のような注文を出すようにしています。

①「自分の美しい顔を……」のハミングは、やや速めのテンポで明るく弾むようにする。

②「自分のみにくい顔を……」では少しテンポを落とし、深くせつない思いを湛えた調子で歌う。
③その次の「人と生き別れ……」のところでは一転してハミングも朗読もはげしく高潮し、たえがたく哀切な思いを表現する。

このリズムは急―緩―急のリズムといってもよいし、あるいはホップ―ステップ―ジャンプのリズムといってもよいかもしれません。いずれにしても、こうしたリズムの変化にともなって次第に感情も昂揚し、表現にドラマチックなうねりが生まれていくようにできればよいわけです。楽譜の上では拍子もテンポも変わっていませんから、これは私の解釈ということになります。

ところで、こうした、部分における緩急の変化とは別に、というよりもそれ以前のさらに基本的な問題として、もう一つ忘れてならないのは、その作品全体の流れにおける緩急の変化ということであります。これは以前とりあげたメリハリの問題や、パースペクティヴ（さまざまな部分の全体に対する調和的な関係）の問題とも関連するものです。

たとえば〈子どもの四季〉の場合。この作品は春、夏、秋、冬の四つの部分で構成されているわけですが、その四季折々の情緒や特徴を明確に出すためのさまざまな工夫が必要になってきます。春の軽快、夏の躍動、秋の清澄、冬の胎動といったそれぞれのイメージ・情感を合唱においても表現のつくりかたのうえでもはっきりと示さなければなりません。なかでも重要なのは合唱です。この種の表現においては、なんといっても基本になるのは合唱で、合唱でイメージや情感が豊かにつくられていかないと、動きやポーズなども生きたものにならないし、またそれらが内面的なものになってもいかないからです。

〈子どもの四季〉の場合、作曲者もそのことを十分に心得ていて、楽譜には四季の変化にしたがってそれぞれの速度標語が付されています。春はModerato（中庸に、適度に）、夏はAllegro（軽快に）、秋はLento（ゆっくりと、深く）、冬はマーチ風に、というぐあいに。こういうところは楽譜をていねいに見ていけば誰でも気づくはずのことですが、案外むぞうさにとり扱われていることが多い。そこはいいかげんにしておいて、部分的なところで変な凝りかたをしているといったようなことがしばしば見受けられるわけです。そうでなく、まず全体の流れをしっかりと見通しながら、部分のつながりや緩急の変化のありようを定めるのでなくてはなりません。

この場合、春、夏、秋、冬の変化はおおざっぱにいうと緩—急—緩—急の流れであらわすことができます。しかし同じ「緩」といってもModeratoとLentoではまるで内容が違うし、同様にAllegroとマーチ風とでは「急」の質が異なる。作曲者がLentoの表示箇所に（ゆっくりと）ではなく（深く）という言葉をわざわざ添えていることも、その点で意味深いことだと思われます。またModerato（中庸に、適度に）といっても、どの程度の速さが中庸であり適度であるのかという問題もあるわけで、こういうことはやはり自分なりの作品の解釈やイメージにもとづいて、全体の流れを頭において決めるほかないことです。

いずれにしても、作品全体の流れ、とくにその緩急の変化ということをたえず念頭において、それが合唱や表現にはっきりと、具体的な形であらわれるように工夫するということは、バランスと変化に富んだ美的で説得力のある表現をつくるうえで欠くことのできない仕事だといわなければなりません。

最後に補足を一つ。

「緩急の変化」ということの一環として、「動と静の変化」ということについて少しだけ触れておきたいと思います。「緩」の極限を動きの停止すなわち「静」と考えれば「緩急の変化」を「動と静の変化」に変換して考えることもできる、と思うからです。

表現の進展にしたがって次々と場面が変化していくときに、ある場面でたくさんの子どもたちが賑やかに動きまわっていたと思ったら、次は一転して少数の子が静止のポーズだけで表現する、というような変化をつけると非常に効果的なことがあります。この場合、極端に言えば舞台には合唱隊だけを残して、あとは誰もいない空白にしてしまってもよいわけです。あるいは逆に「静」ということを少し広い意味にとれば、一人か二人の子が静止したままでゆったりと視線を動かしたり、静かに流れるような動きでフォロー・ステップで移動したりしてもよい。後者はたとえば、〈子どの四季〉の夏から秋への転換場面のイメージなどにぴったりです。

以上は時間的な流れの中での「動と静の変化」ですが、ある一つの場面の空間的な構成を考える際にも、動と静のバランスのよい配置ということが演出上の重要な留意点になるのは言うまでもないことです。

このように、時間的・空間的な変化とそのバランス、調和ということを念頭においたとき、私たちの表現活動はかぎりなく豊かでたのしいものになっていくに違いありません。

10　テンポとリズム

前回、演出における《流れの変化》に触れた箇所で、私はテンポやリズム、とくにリズムの語についてはそれが多義的に使われるので避けるようにし、「緩急」とか「動と静」

というような言葉を使うことにしてみました。

しかし実際にそうやってみるとやはり不便ですし、そういう言葉の置き換えですべて事が解決するというわけにもいきません。そこで今回はテンポやリズムという言葉をもう一度復活させて、残ったいくつかの問題についての私の考えをまとめておくことにしたいと思います。むずかしい事柄を扱うことになるのであまり自信はないのですが、せめて問題の整理くらいにはなればと思います。

まず、言葉の意味理解のズレが論理の混乱をまねかぬよう、あらかじめ語義についての共通理解をはかっておくことが必要でしょう。ここで私は、テンポやリズムという言葉を、さしあたって次のような意味で使うことにしておきます。

テンポ……速度
リズム……流れの軽快な変化

この場合、やはりリズムの定義が問題になってきそうですが、それはまたあとで触れることにしてとりあえず先に進みたいと思います。

教材、子どもとテンポ

表現教材（オペレッタの作品など）には、それぞれの音楽の部分に速度標語（＝テンポの指示）が付されています。たとえば、〈手ぶくろを買いに〉でも〈利根川〉でも、Andante（ゆるやかに）とか Moderato（適度に）とか Allegretto（アレグロより少しおそく）などの表示が各所につけられている。これらはそれぞれの作品における各構成部分の速度の相対的な変化を指示するものであって、それ自体が独立した、たとえば♪＝92というような固定したテンポを指定するものではありません。ですから、一年生の〈手ぶくろを買いに〉と三年生のそれとでは、同じ Moderato の部分でも当然テンポは異なってきてよいわけです。これは〈利根川〉の場合も同様で、六年生と中学生とではやはりテンポが異なるし、また異なってあたりまえでもある。このことをもう少し一般化していえば、次のようになるでしょう。

①低学年向けの教材ではテンポをはやめ、高学年向けのものではおそくする。

②同じ教材でも、低学年がとりくむ場合はテンポをはやめにし、高学年では相対的にテンポを落とす。

もちろんテンポの問題は学年の高低によってのみ決定されるわけでなく、教材それ自体の性格によっても規定されるということは言うまでもないことです。そのことを前提にしたうえで、なおかつ子どもの年齢・学年とテンポの関連を考えるとすれば大体右のようになる、ということを言っているわけです。

低学年でテンポをはやめにするのは、そのほうが子どもたちの力に見合っているからです。その理由は、一つには、子どもの年齢が下がるほど呼吸数や心拍数が高いという生理学的な問題にもかかわっています。またそのことに加えて、一般的にいえばテンポがおそくなるほど音に（または音と音とのあいだに）内容を入れることがむずかしくなる、ということもあります。後者は、低学年の子どもたちの場合には音を保ったり持続させるための身体を使う訓練がまだ十分にできていない、という事情とも関連しています。

ところが私がこれまでに見たところでは、多くの場合低学年でのテンポがおそすぎるという傾向があったように思います。これは、わざわざおそいテンポを選んでいるというよりは、およそテンポというものに無自覚であるために、結果として低学年の子どもの力にそぐわないおそすぎるテンポになってしまっている、ということだろうと思います。

瑞穂三小で、三年生が〈かさじぞう〉にとりくんでいたときに、次のようなことがありました。出だしの、

ゆきがちらほらこぼれてる

もったりおもたいそらのした
むらのまもりのろくじぞう
ひっそりならんでたっている（曲1）

の歌の部分が、テンポがおそいためにはずむような躍動感がなく、とても重い感じになっていました。

それで私は、そのところをテンポをはやめて柔らかくはずむように歌ってもらったのでしたが、そのときのことを、指導にあたっていた隅内さんが次のように書いています。

――この時は表現よりも、合唱のことについて手入れしていただいた。曲1は、ゆっくりしたテンポで歌っていたのであるが、箱石先生は、それを見て「子どもが楽しんでやっていないのがわからないのですか」と言われた。正直なところ、箱石先生に指摘されるまで、私はこれでよいと思っていた。箱石先生は、「テンポが遅いのでリズムがなくなってしまうのです」と言われて、テンポを早くして歌わせ、はずむ指揮をされた。そうしたらいままで沈んでいた子どもたちの顔は見違えるように、ニコニコして生き生きとしてきたのである。「この子どもの顔を忘れないでください」と言われた言葉が今でも耳の奥に残っている。――

ここには二つの重要な問題が出されているように思われます。

一つは、テンポがおそいのでリズムがなくなるという問題です。厳密にいえばテンポとリズムはまったく別のことがらですから、テンポを落とすことが必然的にリズムをなくするということにはならないはずです。しかし子ども――とくに低学年の子どもの場合には、先ほども述べたようにまだ身体がうまく使えないために、テンポを落とすとリズムもなくなってしまうということが多い。これは単に低学年ばかりでなく、高学年の場合でも身体の訓練ができていない場合には同じことがいえるわけです。なお、リズムと身体の問題に関してはリトミックの創始者であるダルクローズがくわしい考察をしているのですが、これについては機会を改めて述べるつもりです。

さて、隅内さんの文章の中で提出されているもう一つの問題は、テンポがおそいためにリズムがなくなると合唱が重くなり、子どもたちの表情も暗い感じになってしまうという問題です。これはリズムというものが流れの《軽快さ》や人間の《快適な感覚》と深く結びついていることを示唆しています。実際私は、合唱の指導でリズムを直すことによって、隅内さんが書いているように子どもたちの声や表情が一変してしまうという場面を何度も見てきました。声や表情だけでなく、音程まで直ってしまうということさえありました。リズムとはそのようにも重要なものだということになるわけですが、先ほどから言うように、リズムについてはまた改めて述べることにしたいと思います。

〈かさじぞう〉には速度表示はないのでなおのこと、テンポの選択には教師の的確な判断が必要になってきます。そのためにも教師はテンポについての感覚をみがき、また子どもたちの表情からその問題点を的確に読みとることのできる力を持たねばならない、ということになるわけです。

リズムとはなにか

すでに述べたように、リズムとテンポは密接に関連することはあっても、本来はまったく別の概念です。その違いは、テンポが流れや運動の《速度》にかかわる概念であるのに対して、リズムはそれらの《歯切れのよさ》や《軽快な変化》ということにかかわる概念である、というようにあらわすこともできるでしょう。

次に引用するのは、以前「焦点の変化・移行」という問題に関連して紹介したことのある東野英治郎氏の言葉ですが、リズムの問題を考えるうえでも重要な手がかりになると思われるので、もう一度引いておきたいと思います。

――表現というものは、どんな場合でも明快でないといけない。展開してゆく場合の転換、つまり切り換えはカミソリで切ったようにハッキリしていないといけない。(中略）こうしたケジメのようなものが自分の操作によって進んでゆかないと見ているほうで退屈してしまう。同じようなことを何度も繰りかえしていたのでは表現というものは死んでしまう。変化して動いていなければならないものである。（『私の俳優修業』未来社、四〇～四一頁）――

「展開してゆく場合の転換」が「カミソリで切ったようにハッキリ」しているということは、「変化して動いて」いる表現において、その流れの《変化》が《軽快》で《歯切れがよい》ということでもありますが、これこそまさにリズムの問題にほかなりません。同じことの繰りかえしではなく、絶えず変化している、ということが一つ。しかもその変化がダラダラと間のびしたり、ゴテゴテと重苦しかったりするものではなく「カミソリで切ったように、ハッキリと」歯切れよく、軽快におこなわれるということ。この二つのことこそもっとも本質的な意味でリズムにかかわる問題だといってよいでしょう。

東野氏は次のようにも述べています。

――一つの言葉をいい終わった瞬間には、その言葉も動作も完全に消え去っていて、直ぐに次の新しい瞬間への足がかりとなっていなければいけないように思う。……要するに演技というものはそれらの連続なのだから、生まれては消え、生まれては消え去るこの一連の連繫がスムースに展開してゆかないといけないわけである。（前掲書　三六頁）――

東野氏のこれらの文章を手がかりにしながら、ここで少し立ちどまってリズムの概念について整理をしておきたいと思います。

リズムについて書かれた文献をいくつか読んでみて感じるのは、まずリズム概念の多義性というか、曖昧さということです。一生懸命に読むのだけれど、そのはっきりした意味はなかなかつかめずに、下手をするとむしろだんだんと頭が混乱してきてしまうといった経験は多くの人が持っているものだろうと思います。リズムがある種の「時間的秩序」であることは、いろいろな本に書かれているのでなんとなくわかります。ところが、その時間的秩序なるものが、多くの場合そうであるように「周期性」とか「反復回帰」という言葉に置き換えられてしまうと、たちまち、たとえばリズムと拍子の区別がつかなくなってしまうということになる。

リズムを周期的反復としてとらえ、拍子と混同してしまうこのような考え方は、たとえばわが国の音楽教育でよく使われる「リズム唱」とか「リズム打ち」（ここでのリズムは拍子のこと）という用語法上の誤りにもよく示されています。しかしリズムは決して周期的反復あるいは拍子と同義ではありません。

ドイツの哲学者クラーゲスは、人工的・機械的な拍子の周期性と自由な・生きたもののとしてのリズムとを厳密に区別し、「リズムは一般的生命現象であり、拍子はそれにたいして人間のなすはたらきである」と述べています（『リズムの本質』みすず書房 二一頁）。ここで「人間のなすはたらき」というのは、精神（Geist）による知的な働きという意味であって、拍子はその点で生命（Leben）現象であるリズムとは本質的に異なるものだ、というわけです。もっともそうはいっても、「生命現象としてのリズム」というだけでリズム概念が明瞭に把握されるわけではありません。「生命現象としての」という言葉の意味をふくめて、クラーゲスの理論を正確に理解することはなかなか大変なことであるように私には思われます。この、クラーゲス理論の正確な理解ということについては、なお今後の私の課題にさせていただきたいと思います。

クラーゲスとならんでリズム概念について重要な発言をしている哲学者に、アメリカのS・K・ランガーがいます。彼女は『芸術とは何か』（岩波新書）という本の中で次のように述べています。

人々は通常、リズムを「周期的継起」と考えている。が、たとえばテニスの運動はリズム的であるのに、テニスの選手は必ずしも単一の行動を繰り返してはいない。だから、リズムは「時間よりむしろ機能に関係することがら」と考えるべきなのだ。つまり、リズムとはさまざまな「出来事の型式」にかかわる概念なのであって、「あるはっきりした一つの出来事の終結が他の出来事の開始として現れる場合、常にリズム的な型式が起こる」のである。

このことをランガーは、振子のゆれを例にとって次のように説明をしています。

ゆれによる慣性は、振子のおもりを反対方向の上方へと押しやり、それをふたたび引き下ろす潜在エネルギーをつくる。こうして第一回のゆれが第二回のゆれの準備となる。その後はどのゆれも同じようにその前のゆれによって準備され、その結果がリズムの連続になるのである、と。

リズムを「出来事の機能的な関連」としてとらえるこの考え方は、きわめて重要でかつ本質的なものであるように私には思われます。この考え方に立つと、振子の運動や心臓の鼓動がリズム的であるのは、それらが規則正しい周期性を示すからではなく、運動のある要素の終結が常にそれとは対照的なもう一つの要素の開始になっているからだ、ということになります。対立的なものが対立的要素の内部エネルギーによって、いわば必然的に反対物に転化していくときに、リズム的な型式が現れる。この意味でのリズム的な型式は、確かに反復や周期性に固有なものでなく、広く運動や現象一般に現れ得るものでしょう。

出来事あるいは運動のある要素の終結が、それとは対照的なもう一つの要素の開始になるということは、言い換えればその移行や転換に停滞やロスがないということでもあります。さきに引いた文章の中で、東野氏が、ある一つの言葉や動作が「終わった瞬間」が「次の新しい瞬間への足がかり」になっていなければならないと書き、「生まれては消え去るこの一連の連繋がスムースに展開してゆかないといけない」と書いていることも、まさにこの意味でのリズムの問題につながっているといえるわけです。

関連してもう一つ。運動や過程のある要素が、それ自体の中に次の要素へ移行する潜在的エネルギーを準備し、そのエネルギーによって合理的・必然的に運動や過程の転換が起こっていく、ということ。これをリズムというならば、リズムとはまことに合理的なものであり、したがって美や快感に深く結びついたものになるはずです。労働にせよ運動にせよ、ランガーもいうように「リズムに乗って行なえば比較的楽にできる」ということの根拠はまさにそこにある、といえます。合唱のリズムを直された子どもたちの表情が明るく生き生きとしてくるのも、リズムが持つこうした本質的な合理性が生み出す快感によるものだろうと私は考えています。

演劇的表現とリズム

演劇的表現はオペレッタにしても舞踊表現にしても、いくつかの出来事やエピソードの連鎖によって成り立っています。いまランガーに従って、リズムを「出来事の機能的な関連」と規定するならば、そうした出来事やエピソードに「機能的な関連」をつくり出すことこそがほかならぬ演出におけるリズムの問題になる、といえるわけです。

場面場面のつながり——言い換えればある場面から次の場面への移行や転換——に断絶や停滞がなく、一つの場面の終結が同時に次の場面の開始にもなる、というような流れをどうつくるのか。これは東野氏の言葉を借りていえば、ある一つの場面が「終わった瞬間」が「次の新しい瞬間への足がかり」になるような、そして「生まれては消え去るこの一連の連繋がスムーズに」必然的に展開していくような流れをつくるにはどうすればよいか、という問題でもあります。場面という大きな単位だけでなく、言葉や動作という小さな単位で考える場合でも同じことがいえるのであって、要するにそこに演劇的表現におけるリズムの問題というものが成立することになる、といえましょう。

私たちの表現活動においても、こうした意味でのリズムの問題は、しばしば出会う基本的な問題の一つになっています。それはたとえば、表現全体の流れや展開における《間》のとり方とか、言葉や動作における《間あい》や《呼吸》などの問題としてあらわれます。

このことを、もう少しくわしく具体例に即して説明しておきましょう。

オペレッタ〈かさじぞう〉は、先にあげた冒頭の（曲1）の後に次のようなおじいさんの台詞が続きます。

おじいさん　ばあさん、ばあさん。もうすぐ正月だ。おら、五つもかさをあんだから、町でこれを売ってもちを買ってくる。……

この場合、（曲1）の合唱が終わっておじいさんの台詞に移る移り方、言い換えれば合唱の終結から台詞の開始に至るまでの《間》のとり方・タイミングがまずリズムの問題にかかわってきます。多くの場合間があきすぎて《間のび》したり、逆に間が保てずに《せっついた感じ》になったりしてしまう。そうならないようにするには、おじいさんは合唱の途中から次の自分の台詞に向けての準備を——気持ちと身体の両方で——していなければなりません。合唱が終わってから準備を始めてもおそいのであって、《間のび》の原因の多くはそういうところにあるともいえるわけです。そのことがまず一つ。

ついでにいえば、合唱の途中から準備を始めるといってもそれは決して機械的に数を数えたり、時間をはかったりということではありません。それはもっと質的・あるいは内面的なことがらなのであって、それこそ「合理的・必然的に」次へ移行していく「内部エネルギー」にかかわる問題なのです。ですからその意味で、おじいさんの台詞は当然合唱それ自体の表現の質によっても影響を受けることになるわけですが、これ以上はややこしくなるのでいまはこの問題には立ち入りません。

表現活動とリズムという問題にかかわってもう一つ。

〈かさじぞう〉のオペレッタに表現としての彩りを添えるために、たとえばおじいさんの台詞に合わせて数人の子どもが〝いろりの火〟を表現するとしましょう。この場面を、瑞穂三小では次のように構成したことがありました。

合唱が始まると、歌に合わせて〝雪ん子〟の子どもたちがてんでにフロアーやステージに出てきて踊ります。歌が終わる直前にそのうちの数名がステージに残って二重の輪の隊形をつくり、歌の終結と同時にそのままポーズをとって静止します。そして一呼吸おいたところで、子どもたちはそのままの隊形で静かに〝いろりの火〟の表現を開始し、次いで一拍か二拍おいておじいさんの台詞が始まる。……

ここで〝いろりの火〟を演じるためにステージに残った子どもたちは、歌が終わった瞬間には、〝雪ん子〟としての表現の最後を演じていると同時に、すでに次の〝いろりの火〟の表現を開始していることにもなります。これはほんの小さな事例に過ぎませんが、やはり広い意味でのリズムということに関連して重要な問題である、というように私は考えています。表現の展開がそうしたリズムによって貫かれている時に、はじめてその表現は歯切れのよい、快適な流れを持ったものになるのだろうと思うのです。

なお、言葉や動作のリズム、という問題については稿をあらためて考えてみたいと思います。

11　言葉・リズム・身体

前回は、ランガーに従ってリズムを「出来事の機能的な関連」と規定し、場面場面のつながり――その移行や転換のあり方を、演劇的表現におけるリズムの問題として考察してみました。今回はそれをさらに補足するかたちで、朗読におけるリズム、あるいはリズムと身体の関係といったことがらについて、ごくおおざっぱになりますが私なりの整理を試見てみたいと思います。

朗読とリズム

演劇的表現におけるリズムの問題は、場面の転換や移行に関してだけでなく、言葉や動作のあり方にかかわっても重要です。以下、ここでは特に言葉――朗読や台詞に焦点をあてこの問題を考えてみたいと思います。

子どもたちの朗読や台詞でよく見られるものに、言葉を一音節ごとに刻んでぶつぎりにしてしまうタイプがあります。たとえば〈利根川は／今より／何百年も／前は／今のところより／一〇キロも／北の方を／流れていたそうだ……〉といったふうに。この場合、言葉は一つ一つが分断されて相互のつながりを失ってしまうために、全体としての流れをつくることはできなくなってしまいます。もちろん、流れのないところにリズムも生まれるはずはありません。

仮にいまここで、朗読にリズムをつくる指導をするとすればどうすればよいか。それには少なくとも次の二つのことが必要になります。

まず一つは、流れをつくるためにできるだけ言葉をつなぐことです。必要以上に言葉を切らないこと、といってもよいかもしれません。〈利根川〉の朗読の場合でいえば、たとえば次のようなやり方が考えられます。
①〈利根川は／今より何百年も前は／いまのところより一〇キロも北の方を／流れていたそうだ〉
②〈利根川は／今より何百年も前は／いまのところより／一〇キロも北の方を流れていたそうだ〉

③〈利根川は／今より何百年も前は／いまのところより一〇キロも北の方を流れていたそうだ〉

このうち①を例にとると、この場合は三箇所の／印によって、一つの文が四つのブロックに分けられています。この三箇所で間をとり、あとは切らないでひと息に読むようにします。間は音楽の休符と同じように息を吸って次の準備をするところですから、単なる空白でなく、ブロックとブロックのあいだをつなぐ役割をも果しています。それがうまくできれば文全体に大きな流れをつくることができるわけです。

さてそのうえで、次にリズムをどうつくるかということが問題になってきます。ここでリズムをつくるというのは、言葉のブロックとブロックのあいだに「機能的な関連」をつくり出すこと、言い換えればあるブロックが次のブロックの準備になるような仕方で、全体の流れに自然で合理的な変化（移行・転換）をつくり出す、ということを意味します。具体的に四つのブロック、すなわち、

a　利根川は

b　今より何百年も前は

c　いまのところより一〇キロも北の方を

d　流れていたそうだ

に即して考えてみましょう。

まず、a、b、c、dの四つのブロックのうちどこが一番大事か（あるいは強調したいか）を考えます。これはその人の解釈の問題につながります。どこでもよいのですが、ここでは一応cの〈いまのところより一〇キロも北の方を〉を強調することにしましょう。そうするとaとbはそのための準備をする箇所になります。跳び箱を跳ぶときに、スタートから助走そして跳躍という流れがあるわけですが、ちょうどそれと同じように、aはスタート、bは助走、そしてcは跳躍の箇所にあたると考えてもよいわけです。a（スタート）はb（助走）の、そしてbはc（跳躍）の準備となるといったぐあいに相互の「機能的な関連」が生まれたときに、ランガーのいうリズムが生まれる。そしてdは跳び箱の場合の着地にあたる、ということになります。ついでにこれをリズム・パターンで示すと、

a・b（弱）
c（強）
d（弱）

というようになります。

もちろん、これと違ったリズムをつくることも可能です。たとえばbの〈今より何百年も前は〉を強調したい場合なら、

a　（弱）
b　（強）
c・d　（弱）

というかたちになるでしょう。リズム・パターンは同じでも内容はまったく違ってくるわけです。

なお、念のためにいえば、ここで「強」とか「弱」とかといっているのは決してボリューム（声量）のことを指しているのではありません。ボリュームのほかにテンポの変化やイントネーション、さらには間（ま）の長短を含めての表現内容の質のことを指しているのです。その意味では「強・弱」という表し方よりもむしろ、「高揚と休息」とか「飛翔（アルシス）と沈静（テーシス）」といったいい方のほうが適切であるかもしれません。要はあくまでも量ではなく質の問題だ、ということです。

リズムと間

ここで、流れやリズムの基礎になる《間》についてもう少し詳しく考えておきたいと思います。

間が単なる休止でなく、前の流れを受けて次へつなぐ橋渡しをする役割を担うものであることはすでに述べました。別の言い方をすれば、それは朗読や台詞を構成する一つの要素の終結と次の要素の開始とのちょうど境目・転換点にあたるものだ、といってもいいでしょう。先ほどの例をとれば、〈利根川は／今より何百年も前は……〉という朗読の途中にある間は、〈利根川は〉という言葉の終結であると同時に〈今より何百年も前は〉という言葉の開始の準備にもなっている。ちょうどその転換点（ターニング・ポイント）になっているわけです。逆にいえば、前を受けて後へつなぐ、まさにその転換点としての機能を果たしているときに、それは本来の意味で間と呼ぶにふさわしいものになっている、ともいえます。そうでないときに、いわゆる《間ぬけ》とか《間のび》といったことが起こるわけです。

むろん、単なる空白などは論外です。よく朗読で「間をとる」ように指示すると、じっと息を止めて一つ二つ頭の中で拍をかぞえてからやおら次へ移る人がいますが、これは間を空白ととり違えた初歩的な誤りであることが、以上の説明からもおわかりでしょう。

ここで余談を少々。

南博編『間の研究――日本人の美的研究』（講談社）という本があります。日本の伝統芸能やスポーツ・武道などで使われる《間》という言葉を、各界の専門家がそれぞれの立場から解明しようと試みた興味深い本です。

この中で福田精氏が運動生理学の立場から「運動姿勢と日本人の間」という大変示唆に富んだ文章を書いています。

歌舞伎役者が大見栄を切って一瞬ピタリと静止する、いわゆるナンバの姿勢というものがあります。この一瞬の間は、あたかも「運動の頂点で意識的に運動を停止している」かのように感じられるものなのだが、この姿勢は実は生理学でいう頸反射の典型を示すものである、と福田氏はいいます。同様な姿勢は野球で高い飛球を背伸びしてキャッチするときの捕球姿勢や、サッカーでのヘッディングの姿勢のときにも現れる。福田氏の文章に添付されている写真を紹介できないので残念ですが、このくだりの文章は次のようになっています。

――(写真の)捕球姿勢にしてもサッカーのヘッディングの姿勢にしても、ピタッと決まって、この瞬間の姿態が一瞬、止まり、凝結し、静止するように感じられてならなかった。しかし、この二姿勢とも連続運動のひとコマでいささかの静止もない。ただ中せることは、両姿勢とも左上下肢の伸展においても、右上下肢の屈曲にあたっても極位に屈伸されて、いいかえれば筋力が最高に発揮されて一連の運動の頂点をなしている。(五一〇頁)――

「筋力が最高に発揮され」た「一連の運動の頂点」において、その運動が「連続運動のひとコマでいささかの静止もない」にもかかわらず「この瞬間の姿態が一瞬、止まり、凝結し、静止」して見える。この一瞬の静止を福田氏は間としてとらえるわけなのですが、こうした福田氏のとらえ方の中には、間の本質を鋭く衝いたものがあるように私には思われます。

それはこういうことです。

運動の頂点は下降への開始であり、筋力の最高度の緊張は同時に弛緩への転換点でもあります。このことは、たとえば振子の運動や心臓の鼓動のイメージを思い描いていただければよくおわかりでしょう。運動の連続的な流れの中での対立的な要素への移行・転換が、内部エネルギーの変換というかたちで必然的に起こるとき、そこにリズムが生まれる。そのようなリズム的な運動において、ちょうど振子が上昇しきって下降を始める瞬間――それは運動エネルギーが位置エネルギーに変わる瞬間でもありますが――すなわち運動の移行・転換の境目にあたるような一瞬を、福田氏は間としてとらえているわけです。そして人間の身体運動におけるこうした一瞬の間に、いわば《美学》を感じとる。その美はもちろん運動そのものに内在する必然と合理に裏付けられたものであるはずです。間というものについてのこうしたとらえ方は、おそらくリズムと間との関係についてのさまざまな見解の中で、最も本質的なものの一つといえるでしょう。

間と呼吸

間を一連の動作の転換点、前の流れを受けて次へつなぐ準備・橋渡しとしてとらえるとき、朗読における間と呼吸の関係は切りはなしがたく重要なものになってきます。それはちょうど、音楽において休符と呼吸が切りはなせないのと同じことです。

念のためにここでいう呼吸とは、文字どおり息を吸ったり吐いたりする呼吸のことで、いわゆる「呼吸をはかる」とか「呼吸を合わせる」というときの呼吸の意味ではありません。後者は間合いとかタイミングに近い意味で使われ、息の吐き吸いとも無関係ではないと思われますが、そうした問題についてはここではこれ以上触れないことにします。

具体的な例に即して考えてみましょう。

〈利根川は（A）今より何百年も前は（B）いまのところより十キロも北の方を（C）流れていたそうだ〉

右の朗読で、A、B、Cの三箇所はいずれも呼吸とともに間をとるところです。長い間はゆったりと深い呼吸で、短い間はすばやい呼吸で、といったぐあいに。前に述べたようにこの朗読のリズムをスタート・助走・跳び越し・着地というように考えると、たとえばAは一拍、Bは二拍、Cは一拍か半拍ぐらいの呼吸でつないでいく、というやり方が考えられるでしょう。この呼吸の間が前後の流れを自然につなぎ、しかも次の展開へのエネルギーを十分に蓄えたときに、自然で合理的なリズムが生まれてくる。いわゆる《間がよい》とか《間のとり方がうまい》というのは、そういうときの状態をさしていう言葉なのだと思います。

このように、間と呼吸には密接な関係があるわけですが、間がきわめて短い瞬間的な場合には息を吸って準備をする暇がないこともあります。

たとえば〈いまのところより一〇キロも北の方を／流れていたそうだ〉の部分をひと息に近い感じで朗読するような場合。こういうときには、途中の間は半拍かもっと短いくらいの間になり、息吸いは瞬間的におこなわれないと《間のび》してしまいます。そんなときは息は吸わず、一瞬胸を開いて閉じる呼吸の動作をするだけで間をとることもある。〈一〇キロも北の方を〉の「を」を言いながらすばやく胸を広げ、次いで肘を絞るようにして〈流れていたそうだ〉と出す感じになります。これはは朗読に限らず、テンポの早い合唱曲などでもしばしば必要とされる身体の使い方なのですが、そうしたことを含んでの呼吸と間の問題は、朗読に流れとリズムをつくるための基本的な技術にかかわる問題であるといえます。

リズムと身体

朗読に流れとリズムをつくるにあたって、呼吸とならんで重要なものに身体の動きがあります。最後にこのことについて紙数の許すかぎり触れておきたいと思います。

リズムと身体という問題を考えるとき、すぐに私の頭に浮かんでくるのは何といっても斎藤喜博氏の指導です。かつて各地の学校で斎藤氏の朗読や表現活動の指導を見せていただいた折、とくに私の印象に強く刻みつけられたのは、斎藤氏が指導の基礎をたえず身体においていているという事実でした。

いま手元にある資料の中から、斎藤氏の指導のようすを伝える二つの記録を取り出してみましょう。まず一つは、小学校一年生に音楽劇〈手ぶくろを買いに〉の指導したときの記録で、『わたしの授業』第五集（一莖書房）に載っているものです。

（子ぎつねが、出てきて、とまる位置を示してやる）そこへ止まってゆっくりしてから、みんなのほうを見て、「かあちゃん」と言ってごらん。（子ぎつね「かあちゃん」とよびかける）そこで待ってて……こんどは向こう向いて一歩ぐらい出ていってから、「お手てがつめたい」そして、こっちへ来て「お手てがチンチンする」とこういうふうに……

ハイ、もう一回。

――ふたたび子ぎつねの登場場面の演技。

うん、そう。それでいい。そこまでできたね。

（教師や学生に）これは、いまの方法でなくともいいですよ。要するに間をおいては次のものに持っていく。……

ここでは、①「間をおいては次のものに持っていく」――つまり次の動作への転換点で間をおくということと、②その間を、動き（場所の移動）によってとる、という二つの原則が示されています。

こうした原則は表現活動のいわば基本になるもので、たとえば先ほどの〈利根川〉の場合でも、その場に立ったままで朗読するということは少なく、たいていは間のところで歩いたり身体の向きを変えたりしながら朗読する、というかたちでおこなわれることが多い。表現活動だから身体を動かすというような一般的理由からでなく、そのほうが理にかなっているし、実際にも間がとりやすいからそうするわけです。このことはまた、およそリズムというものが身体の動きや運動と密接不可分のものであるということを示唆するものでもあります。

以上のことに加えてもう一つ。身体でリズムをつくるということの内容には、次のようなこともふくまれます。以下はおなじく斎藤氏による指導の記録から抜き出したもので、都留文科大学の集中講義で学生たちに詩の朗読の指導をしているときのものです。(『わたしの授業』第四集、一莖書房)

教師 (前略)みなさんが朗読する場合も同じで、身体での表現ができないと、朗読もできないんです。……そこでやってみてください。みなさんが教師になるのに、表現ができないとはじまらないわけです。自分で身体を動かして、いろいろな表現をやってみるといいんです。〈大きな空に/小ちゃいからだを/ぴょっくり浮かして〉やってみてください。
(中略)
学生 (教卓の前に立ち、学生たちの方を向いて)〈大きな空に/小ちゃいからだを/ぴょっくり浮かして〉(〈大きな空に〉では両手で大きく円を描き、〈小ちゃいからだ〉で、両手を胸の前で軽くにぎり、身体をかがめ、〈ぴょっくり〉でひざを伸ばす)(中略)
教師 ええ、このほうがずっといいでしょう。それでこんどは、「小ちゃいからだを」

から「ぴょっくり浮かして」のところをもう少しあいだをとっていいでしょう。いま三つに切ってましたね。そのさいごのところをもう少しあいだをおいて、少したためておいてからもっていくといいんじゃないですか。もう一回やってみてください。

――もう一度やる。

教師 うん、それで今度はあなたは、もうひとがんばり(笑い)。身体を前に動かしてやってみてください。そうするとさらにリズムがでるから。

ここでは歩行あるいは場所の移動でなく、身体全体のリズム的な使い方によって朗読のリズムをつくる、という指導がおこなわれています。腕――というより胸や肘、あるいは膝のバネを使った全身の動きで自分の感情やイメージを表現する。その身体の動きが朗読のリズムの基になったり、もしくは朗読のリズムの補助や拡大になったりする。そうした身体の使い方の指導をすることによって、リズムのつくり方を教えていくという方法が示されているわけです。

歩行あるいは場所の移動と、腕や膝を使った全身の動き。この二つの方法は相互に組み合わされて使われることが多いのですが、いずれにしてもそうした身体の動き・使い方がリズムの指導にとって決定的に重要な意味を持つことは、疑いえない事実でしょう。

このことに関連して、もう少し。

よく知られるリトミックも、もともとはそうした身体とリズムの密接不離な関係の認識にもとづいて考案されたものでした。その創始者であるダルクローズは音楽学校の教師として実践にたずさわるうちに、リズム感の養成が身体の筋肉や神経組織の訓練と切り離せないものであるという認識に到達し、いわゆるユーリズミックと呼ばれるリズム訓練の方法を開発したわけです。そのくわしい内容については、たとえば彼の代表的な著書である『リズムと音楽と教育』（板野平訳、全音楽譜出版社）などにゆずりますが、この中で彼は「リズムは動きである」「リズムは本質的に身体的なものである」ということを一貫して述べています。

ついでにいえば、ダルクローズはリズムをすべての芸術の基礎としてとらえていたばかりでなく、子どもたちを個性的で豊かな人間として育てるための不可欠の教育的手段としても重視していました。そうした意味で、リトミックとは単にリズム的な訓練の方法であるばかりでなく、人間形成のための本質的な手段でもあったのです。このことをダルクローズは「リズムの教育（instruction）」と「リズムによる教育（education）」の統一というような言い方でも述べています。

こうしたダルクローズの主張の中には、私たちの表現活動において追求されるリズムの指導が、実はたんなる表現手法にかかわるだけのものでなく、人間の教育という次元においても深い意味を持つものである、ということへの示唆がふくまれているといえます。

「表現――いのち輝くとき」に寄せて

瑞穂第三小学校（東京都西多摩郡瑞穂町）と教授学研究の会との共同研究が終わったのは、一九八六年のことである。それから二〇年近くが過ぎたことになる。

瑞穂三小は、東京都といっても埼玉県との県境に接し、緑豊かな狭山丘陵にもほど近い位置にある。私が、数人の研究者とともに初めてこの学校を訪れたのは、一九七九年の秋晴れのある日のことだった。三階建ての瀟洒な校舎の正面に立って校庭を眺めると、西側に桜の古木が一本、まるで舞台装置をしつらえたように大きく枝を広げている。南側は高台になっていて樹木が茂り、斜面は刈り込んだ植え込みで覆われていた。茶畑や桑畑が点在する閑静な住宅地の中にあるその学校に、当時は二〇名ほどの教職員が集い、五〇〇余名の児童が通っていた。

初めてこの学校を訪れたその日、私たちはいくつかの授業を参観し、体育、音楽、創作ダンス、校庭での行進なども見せていただいた。小麦色に日焼けした子どもたちの、地植えの作物のようにはつらつと育った姿が印象的だった。教員には三〇代の男教師が多く、そのきびきびとした精力的な動きもすがすがしかった。そうした子どもや教師の姿を、眼鏡の奥からまっすぐに見つめる田嶋定雄校長のまなざしはあたたかく、やさしかった。

そのころすでに瑞穂三小の教師たちは、田嶋校長のもとで、学校としての誠実な仕事を積み上げてきていたのだった。それがやがて斎藤喜博氏の仕事への憧れとなり、教授学研究の会との共同研究へと進展していくことになる。この日がその共同研究のスタートの日だった。以後、共同研究は田嶋校長の退職に至るまでの七年間にわたって継続され、その成果を発表するための公開研究会も六回に及んだ。

共同研究が始まったころ、実践の重点は体育に置かれていた。運動の得意な男性教師が多かったので、これは当然のことだったろう。反面、音楽に関しては、二、三の教師がピアノを弾くだけで、合唱指導のできる教師はほとんどいなかった。音楽専科もいなかった。また創作ダンスはやっていても、それは表現活動とはほど遠い形式的なものだった。

共同研究はそんな状態からスタートしたのである。だから翌八〇年秋の第一回公開研究会で、一四人の学級担任全員が指揮をし、高学年だけとはいえ〈子どもの四季〉や〈利根川〉の表現活動に挑戦したことは、それだけでも大変なことだといえた。全学年で表現活動にとりくんだのは、その翌年からである。一年から四年まで、それぞれの学年でオペレッタにとりくみ、前年にひきつづいて五年生で〈子どもの四季〉、六年生では〈利根川〉にとりくんだ。四年のある学級では〈ペルシャの市場にて〉にも挑戦したが、これが瑞穂三小での舞踊表現の最初の実践となった。

共同研究が進むにつれて、表現活動は瑞穂三小の実践の中核を占めるようになっていく。その道のりは、もちろん平坦なものではなかった。

初期のころ、まだ教師たちが手探りで指導にあたっていた段階で、もっとも苦しんだのは「型の押しつけ」の問題であったように思う。指導の経験が少ない教師たちが頼れるものとしては、各地の公開校の実践で見た型や様式と、雑誌などに載ったいくつかの実践記録だけしかなかった。しかし、それらを子どもたちにそのままやらせてみても、子どもは決していきいきと動いてはくれないのである。

二年、三年と仕事を続けるうちに、ようやく見えてきたことは、あたりまえのことだが「表現活動は子ども自身の創造活動だ」ということであった。教師が自分で考えた型や様式を子どもに押しつけるのではなく、子どもの中に豊かなイメージを育て、それらを多様に引き出しつなげて、その子たちの固有の表現を創造していく、ということである。そのためにも質の高い教材の選定や、教師の解釈、子どもの表現をより高いものへと組織していく教師の技術や力量が必要になる。そして、それらは私たちが求める授業の原則と同じものであり、そういうものがあってこそ、子どもは表現活動においても創造の主体になれるのだということを、教師たちは実践をとおしてしだいに理解していったのだった。

第四回公開に向かう八三年ころから、瑞穂三小では本格的にステップの練習をとり入れていった。年毎に高まっていく子どもたちの表現力をさらに高め、拡大するために、それはどうしても必要なことだった。第五回公開では、四年生がバレエ組曲「ジゼル」、五年生がモーツァルトの「セレナーデ」を使って、校庭で初めてのステップ表現をした。その過程で身についたステップは、舞踊表現やオペレッタなどでも生かされ、表現の質と様式はいっそう豊かで多様なものになっていった。

子どもたちの創造力が高まるにつれて、舞台空間の広さということも問題になってくる。とくに五、六年生の表現は、年を追うにしたがって講堂では狭く感じられるようになっていった。一人ひとりが個を持ち存在感を持つようになると、空間を支配する力も拡大してくるからである。第五回の公開で〈利根川〉を校庭でやることにしたのは、広い空間で子どもたちの力をさらに引き出そうとしたからだった。講堂よりはるかに広い校庭で、しかもマイクを使わずに表現するという試みは、子どもにとっても教師にとってもたいへんな冒険に違いなかった。しかし瑞穂三小の教師たちは、何度も挫折しそうになりながら、子どもたちの力に助けられてあたらしい表現をつくりあげていったのである。夏休み明けまもない炎暑の校庭で、汗まみれになりながらあたらしい〈利根川〉に挑戦する教師と子どもたちの姿を、私はいまでもありありと思い出す。――

今回、久々に瑞穂三小のビデオを見返しながら、私は子どもたちの解放的な明るさと、そのしなやかな表現力とにあらためて新鮮な感動をうけた。この伸びやかな明るさは、子どもたちが表現活動を心からたのしんでいることを示している。この子たちは、みんなで表現をつくることと、自分を表現しつつあらたな自分をつくっていくことを心からたのしんでいるのだ。仲間とともに表現の創造に立ち向かい、集団の創意とエネルギーの中で自分を引き出され、そのときどきの自分を精一杯に表現する喜びに満ちた姿がここにはある。

この子たちの感性の鋭さや、表現力の豊かさにも驚かされる。リズムの微妙なゆらぎに反応する繊細で正確な動き、的確な間合いのとりかた、友達の動きにあわせて瞬時に自分の位置やポーズを変えていく対応力、舞台の袖から出てくるときの絶妙なタイミングなど、そこには「型の押しつけ」からは決して生まれない動きや様式がある。仮にどこかの学校で、別の子どもたちが同じことをやろうとしても、それはおそらく不可能なことだろう。この子たちの創造に向かう喜びと、内からあふれてくる表現力は、瑞穂三小という学校の仕事の積み上げの中で育てられたものだと思うからである。そこには表現活動だけでなく、他の教科の学習や、学級・学校での生活のすべてが含まれている。その意味で瑞穂三小の表現活動は、この学校の教育的営みの総体と、それを支えた教師集団の思想によって生み出されたものだともいえる。子どもたちの一人ひとりを大事にし、その可能性を信じ、それを引き出すためのどんな努力をもいとわない教師たちが瑞穂三小にはいた。

いま、時代は移り、学校をめぐる状況も大きく変わりつつある。学校が組織体としての教育的な力を発現し、学校ぐるみで子どもを育てるという当然のことが、いまでは必ずしも自明なことではなくなってきているように私には見える。かつてよく使われた「学校づくり」という言葉もすでに死語に近い。そうした条件の変化のもとでは、瑞穂三小のような子どもたちを育て、ビデオにあるような表現活動を創造する仕事はますます困難なものになっていくだろう。学校の再生に託す希望と、そのための地道な努力を放棄することは絶対にできないが、私たちが向かう未来は決して明るいとはいえない。

二〇年も前の実践の記録を、いまこのようなかたちで公刊することにしたのは、そうした私たちの思いが背後にあってのことである。子どもが可能性と創造力に満ちた存在であることは、どんな時代でも変わらない。問題は、学校がそうした子どもの力を信じ、それを引き出すためのまっとうで愚直な仕事を誠実に積み上げていくか否かにかかっている。

二〇年前の瑞穂三小にはたしかにそういう仕事があった。このビデオは消えることのない
その証しの一つとして、いつまでも生き続けるに違いないと私は思う。

教育における表現の意味
——斎藤喜博氏の指導をうけた学生のレポートから

一　表現の問題の二つの内容

いままであまり考えたことのなかった「表現」などという問題を、教授学研究における重要な概念の一つとして私が強く意識するようになったのは、斎藤喜博氏の指導を受けた私の大学の学生たちのレポートを読んでからのことである。斎藤氏による指導の内容は、いわゆる講義の他に、模擬授業、介入授業、体育、合唱、朗読、身体表現など多彩なものであったが、それらをとおして学生たちは、教育における表現の問題ということをきわめて新鮮な、かつ重要な課題として受けとめていたのであった。ここで教育における表現の問題ということの中には、二つの内容がふくまれている。

その一つは、学生たちが、朗読や合唱や身体表現といった創造的な活動をとおして、自分を解放し表現することの喜びや充実を深いレベルで体験することができた、という事実

にかかわっている。たとえば次のような感想がある。(1)

――「さくら」の「いざや、いざや、みにゆかーん」のところは、歌っていて、もうこの上ない充実した気持ち、満足感を味わい、とてもいい気持ちで、歌い終わった後も、その場を離れがたい気持ちでした。こんな気持ちを味わったのは、何年ぶりでしょう。私は、自分自身が開放されたような気がしました。私は、島小の子ども達の気持がよくわかるような気がしました。私もかたかった体と心が、合唱を通して少しずつ柔らかくなってきたように思えます。――

――詩を朗読すること、しかも身体で動作をつけながら朗読することの意味は何だろうか。まず、自分の解釈や、イメージの貧困さをはっきりと知らされる。動けないから、なぜだと考え作品にむかい、より豊かなイメージをつかみとることができる。そして何よりも、身体を動かすこと――身体を自由にし、柔軟にすることによって、精神が豊かに柔軟になっていくのを感じた。――

――動作化の続きで体育館で行なった数グループに分かれての創作ダンスでは、その姿が皆きれいで特に女性の手の動きがすばらしかった。皆こんなにも美しい表現ができるとは思いもよらないことであり、人間が本来持っている美というものを見たような思いがした。そして、表現するということがこんなにもその人をしなやかにして自由に美しくするものか、と見ていて驚ろかされた。この表現は私にとって新しい発見である。——

ここでは、表現という創造的行為が人間の身体や心に対して持つ本質的な関係が、素朴に、しかし深くとらえられている。質の高い、主体をかけた表現がよろわれた自己をときほぐし、自由にし、豊かに美しく浄化する。それは人間が本来持っている美の発見であり、また、そのような美を引き出しうるところの授業や教育の発見でもあったということができる。

教育というものが、人間を解放し、人間の美しさを育てていく営為であるならば、このような質の表現活動は、学校でとりくまれるべき一つの重要な内容をなすということになるだろう。しかし、ある学生がレポートの中で書いているように、これまでの学校教育では「表現するという機会をほとんど持たなかった」か、持ったとしても「名ばかりの表現活動」であったというのが一般的な状況ではなかったか。斎藤喜博氏のいわれる、「内容と身体を一つにして表現できるような人間、自分の意志なり内容なりによって、身体を自由に駆使できるような人間にしていくことを、一つの大きな教育目標として」、「言葉での表現、身体での表現の場をつくり、教育内容を拡大していく努力と工夫をみんなでしていかなければならない(2)」という課題を、学生たちは、斎藤氏の指導を受けた体験をとおして、自らの課題としても深く受けとめていたのである。

学生たちがとらえた、教育における表現の問題の第二の内容は、教師の表現力の重要さということである。これは一つには、右に述べたような表現活動の指導ということに直接にかかわっている。朗読にしても、合唱にしても、舞踊その他の身体表現にしても、教師の側に自在で豊かな表現力がなくては、それによって相手にイメージを伝えることも、イメージを表現として引き出すこともできない。この意味で、教師の表現力は、教育内容の拡大としての表現活動において特に重要な位置を占めることになる。

しかし問題はそれだけではない。このような表現力、すなわち、さまざまな指示や説明の言葉、話しぶり、顔や手や動作の表現、身体のやわらかさ、動きの自在さ等々は、たんに表現活動の指導に不可欠な手段であるというだけでなく、実は、より一般的に教師の技術としてもきわめて重要な意味を持つ。それは授業というものが、相手に働きかけ、イメージを伝え、触発し、その内部にあるものを具体的な形として引き出していく行為であるという点で、本質的には表現活動の指導とまったく同質の営みであるからにほかならない。こうして教師の表現力は、表現活動の指導をふくむ授業の技術という広がりの中で、あらためてその意義をとらえ直されるべき教師の重要な資質の一つとして浮かび上がってくるのである。学生たちもまた、まさにそうした意味において教師の表現力ということを問題にしていたのであった。

二　教師の表現力とはなにか

(一)　言葉の表現力

表現ということを、いまかりに、自分の内部にあるものを具体的なかたちとして表出し、それによって相手の想像力《イメージ》を喚起したり、かたちとして引き出していく行為であるとするならば、そのもっとも一般的でかつ基本的な媒体は言葉であるといえるだろう。そこでまず、言葉の表現力ということにかかわって、学生たちがレポートの中で触れている箇所をいくつか拾い出してみることにする。

——先生の表現されたことば、表現の仕方はたいへん具体的なものであり、ピリピリと私の頭の中に先生の伝えようとしている内容が入ってくる。また私たちに向けられたことばは、ただすーっと頭の中に入ってくるのではなくて、そのことばに対して、その時々にその内容が、必ず考えてみる、その具体を頭にえがいてみる、また無意識的にも一度立ちどまって考えるというような行為を通って、はじめて私の頭の中に入ってくるものであった。——

——その言葉に無駄がなく、何かひと言与えるとそれに応じてみるみる見事に変わるという事実。とにかくすばらしい、見事だ。――

――（「手を広げヘソを見る」という言葉について）短かい言葉ではあるけれど、その中には前回りをする時の合理的な方法が濃縮されている。――

――先生の的確な指摘と、その自信からくる指摘の強さ――その背後には即座に子ども達の事実を見抜く感覚の鋭さや記憶力、そして、その指摘を相手に解かりやすく伝える表現力の豊かさがあって、これはもう鍛錬しかないのでしょうが、そういった力強いものを感じていました。――

これらの文章は、いずれも、斎藤氏の言葉の的確さ、すなわち相手の内部に確実にくいこみ、作用し、あらたな思考や行動を否応なく引き出す力を備えた言葉の表現力というものへの、新鮮な驚きに満ちている。そして言葉がそのような力を獲得するためには、その具体性や簡潔さや内容の合理性とともに、事実を見抜く鋭い感覚や記憶力といった専門家としての能力、さらに、教師としての経験の蓄積や鍛錬といった背景さえもが必要であることを、彼らは直観的にとらえているのである。

これは、およそ言葉の質というものが、それが発せられる具体的な状況とのかかわりにおいて、その人間の実質の総体の結晶として成り立つことへの自覚である。そして、そうした言葉それ自体の内実が、他方で、斎藤氏が自ら端的に詩の朗読でやってみせられたようなテンポや間合いのとり方、流れるリズム等々によって躍動する生命《いのち》を吹きこまれるとき、言葉は真に相手を動かす魔力、すなわち表現力を獲得することになると考えられるのである。

(二) 言葉の機能の拡大としての表現力

相手の状況、そのいちいちの具体に応じて相手に働きかけ、そのイメージを引き出していく媒体として言葉とともに重要なのは、教師の顔や身体の表情またはその動き、あるいはそれらの全体がかもし出す一種の雰囲気としての表現力である。これは先に述べた言葉の機能の、いわば拡大、延長として考えることができるものだが、一般に教師の表現力ということが問題にされるとき、その中核をなすのはこの意味での表現力である。斎藤氏の指導に接した学生たちが特に注目し、レポートの各所で触れていたのもそのような種類の表現力についてであった。

以下、再度学生たちの文章を引用してみよう。

——斎藤先生の合唱指導を受けて、第一に私が思ったことは、先生の指揮がたいへん豊かであるということです。楽譜を見なくても、先生の指揮で歌えました。それだけ、先生の指揮には内容があるのです。指揮をされている時の斎藤先生の手、指の先、指の一本、一本、それから腰のまわり、足のつま先まで、体全体が非常に具体的に私に訴えていました。私は先生の具体的な働きかけにぐいぐいすいこまれていくようになりました。――

――また顔の表情がとても豊かでいられるということです。一緒にはしゃぎたくなるようなとってもおどけた表情、走り寄ってやさしく労ってあげたくなるような寂しそうな表情、表情を見ているだけで、知らず知らずに引き込まれ自分もそんな気持ちになってしまって歌っていました。――

これらは斎藤氏の合唱指揮について述べられた箇所であるが、この二人のほかにも、斎藤氏の指揮における顔の表情、動きのしなやかさ、身体での表現力等々に関しては多くの学生がさまざまに触れている。

また、指揮についてではないが次のような感想もある。

――私が（跳箱を）跳び終わった時、先生が手のつき方を注意して下さったことがあった。指を広げて安定した手のつき方をするようにという注意だった。その時、私の眼は自然に先生の眼を見ていた。ことばだけでなく、眼もかたりかけている。先生の眼は生きていた。心の中まで見られてしまったような気もした。――

――教室内での授業の時には体育の実技はできるんだろうかとさえ感じたが、実際に実技の時となるといかにも体育ができるように感じた。何か、その場その場にふさわしいように表情も身体も変わっていくようだった。――

――そしてもう一つ感じたのは、先生の指摘が言葉だけでなく、動作、目つき、体つきなど体全体から発散されているということだった。先生の指導がいくら的確であろうとも、先生自身の体がそれを物語らない限り、授業にのめり込んでいくことはできなかっただろうと思う。向かいあって授業を受けていると、お互いの間に空気がはりつめたような緊張感が感じられて、先生の真剣さがこちらに伝わってくる。そんな気迫と先生の身体の柔軟さが見えない手となって、私たちの身体をほぐし、心を授業に向けさせてしまったようだ。――

三　教育の豊かさと表現

教師の働きかけの手段としての言葉、そして言葉の機能の拡大としての目や顔や動作、あるいは身体全体の表情。教師がそうした表現力を豊かに所有するとき、子どもはその豊饒を媒介として自らの内部にイメージをつくり出し、心を解き放ち、追求し、奥深く内部に潜むものを具体的なかたちとして表出する。

「すぐれた教師は必ず表現力が豊かである。」、「教師がそういう力を持っていないかぎり、……どんなにねがいがあっても、授業は貧困で形式的なものになり、味気ないものになってしまうだけである。」(3)と斎藤氏は述べておられる。

しかし、このような表現力を、教師に欠くべからざる資質の一つとして位置づけようとする観点は、これまでほとんど皆無であったといってよい。それはおそらく、これまでのわが国の教育実践の質の問題とも深くかかわっているのであろうが、いずれにしても、私がこのような意味での表現もしくは表現力ということを、教育の内容の問題としても教師の資質の問題としても痛切に意識するようになったのは、前にも書いたように、斎藤氏の実践や著書に触れることをとおしてであった。

斎藤氏の表現指導の内容と方法については、すでにいくつかの著書においても触れられているので、ここでは省略する。(4)私たちにとっての課題は、ここに示されているような表現指導の内容と方法、およびその意図するところを十分に咀嚼し、吟味し、それらを基礎にしながら、教育における表現の問題を原理的にも内容的にもより豊かなものにしていくことである。それはおそらく、教育や授業における豊かさという、これも従来の教育学には欠けていた新しい概念を浮きぼりにする糸口となるに違いない。

これまでの教育学、特に授業研究は、ほとんどの場合、一定の知識や技能の効率的な伝達という点に主たる関心を払ってきた。そのことが無意味だというのではない。だが、そうした知識や技能の伝達をとおしてより深いレベルで人間の変革にかかわる営みとして教育をとらえようとするとき、やはり斎藤氏が提出している教育や授業の豊かさという概念はきわめて重い意味を持つ。

教育における表現の問題は、まさにそのような課題とかかわってとらえ直されるべき今後の問題なのだ、と私は思うのである。

〈注〉

（1）以下に引用する学生のレポートは、いずれも、斎藤喜博編『教師の技術と思想を学ぶ』（明治図書）および、箱石泰和編『表現と技術の追求』（一莖書房）によっている。

（2）斎藤喜博著『教師の仕事と技術』（国土社）

（3）写真集『斎藤喜博の仕事』（国土社）

（4）右に掲げた文献のほかに、斎藤喜博編『教師の資質をつくるために』（国土社）などがある。

あとがき

合唱組曲〈利根川〉が作曲された一九七六年以降、オペレッタ〈手ぶくろを買いに〉や〈かさじぞう〉などが相次いで作曲され、教授学研究の会の拠点校を中心に〝表現活動〟がとりくまれるようになった。

七八年夏の教授学研究の会・第五回夏の公開研究大会の講演で、斎藤喜博氏は「人間は、表現することによって自分をつくり、自分を開いた人間にしていくことができる」「これからはそういうことも考えて、内容と身体を一つにして表現できるような人間、自分の意志なり内容なりによって、身体を自由に駆使できる人間にしていくことを、一つの大きな教育目標にしていかなければならないでしょう」と呼びかけた。これを受けて表現活動にとりくむ学校や教師の数はさらにふえ、実践公開校の影響などもあいまって各地に広まっていく。その勢いは斎藤喜博氏没後の八〇年代から九〇年代にかけて続いた。

本書に収録された文章は、そうした流れのなかで、主として一九八〇年代に私自身がかかかわった表現活動についての経験とその考察の記録が中心になっている。なかでも斎藤喜博氏の没後、教授学研究の会と東京都西多摩郡瑞穂第三小学校（田嶋定雄校長）とのあいだでおこなわれた七年間にわたる共同研究での体験は、私にとって何にもまさる貴重なものであった。

これらの文章は次のものに収録された。

○表現活動はなにをめざすか　『事実と創造』七号（一莖書房）一九八一年一二月
○子どもがたのしみ、表現するとき　『事実と創造』一一号（一莖書房）一九八二年四月
○表現活動で子どもが育つ　横須賀薫ほか編『心をひらく表現活動2　みんなでつくる』（教育出版）一九九八年九月
○表現活動の意義と実際　『事実と創造』六六号、七一号、七六号、八一号、八六号、九一号、九六号、一〇一号、一一一号、一一六号、一二一号（一莖書房）一九八六年一一月〜一九九一年六月
○「表現――いのち輝くとき」に寄せて　田嶋定雄・箱石泰和監修『（ビデオ）表現――いのち輝くとき　瑞穂三小の子どもたち』（一莖書房）二〇〇四年二月

○教育における表現の意味　『現代教育科学』（明治図書）一九八〇年九月

表現活動は、その後の社会の変化にともなう学校の変貌やカリキュラムの改訂によって、いまでは少数の例外を除けばほとんど忘れられた存在となっている。そのことを十分承知のうえで、いやそうした状況であるからこそなお、私はいま一度過去の経験において学んだ表現活動の教育としての意義をふり返り、その証しとして、これらの文章をこのようなかたちにまとめて残しておく意味があるのではないか、と思うのである。

二〇一四年六月

〈著者紹介〉
箱石泰和（はこいし　やすかず）
1943年小樽市に生まれる。東京大学教育学部、同大学院を経て、都留文科大学に勤務。現在、同大学名誉教授。著書に『ゆたかな教師像を求めて』（一莖書房）、『教授学への出発』（一莖書房）、『写真記録・教育讃歌』（共著、一莖書房）、『表現――いのち輝くとき』（共同監修・ビデオ、一莖書房）、『授業＝子どもとともに探求する旅』（編著、教育出版）、『授業＝子どもを拓き、つなぐもの』（編著、一莖書房）など。

子どもを育てる表現活動 ―― その意義と実際

2014年7月20日　初版第1刷発行

著　者　箱　石　泰　和
発行者　斎　藤　草　子
発行所　一　莖　書　房

〒173-0001　東京都板橋区本町37-1
電話 03-3962-1354
FAX 03-3962-4310

組版／四月社　印刷・製本／アドヴァンス
ISBN978-4-87074-190-4　C3337